Todos los libros de Linkgua Ediciones cuentan con modelos de Inteligencia Artificial entrenados por hispanistas. Pregúntale al chat de tu libro lo que desees acerca de la obra o su autor/a.

Para **ebooks**: Accede a nuestro modelo de IA a través de este enlace.

Para **libros impresos**: Escanea el código QR de la portada con tu dispositivo móvil.

Obtén análisis detallados de nuestros libros, resúmenes, respuestas a tus preguntas y accede a nuestras ediciones críticas generativas para una experiencia de lectura más enriquecedora.

La transparencia y el respeto hacia la autoría de las fuentes utilizadas son distintivos básicos de nuestro proyecto. Por ello, las respuestas ofrecen, mediante un sistema de citas, las fuentes con las que han sido elaboradas.

José Agustín Caballero

Philosophia Electiva

Barcelona 2024
Linkgua-ediciones.com

Créditos

Título original: Philosophia Electiva.

© 2024, Red ediciones S.L.

e-mail: info@linkgua.com

Diseño de cubierta: Michel Mallard.

ISBN rústica ilustrada: 978-84-9953-739-9.
ISBN tapa dura: 978-84-9953-938-6.
ISBN ebook: 978-84-9897-846-9.

Cualquier forma de reproducción, distribución, comunicación pública o transformación de esta obra solo puede ser realizada con la autorización de sus titulares, salvo excepción prevista por la ley. Diríjase a CEDRO (Centro Español de Derechos Reprográficos, www.cedro.org) si necesita fotocopiar, escanear o hacer copias digitales de algún fragmento de esta obra.

Sumario

Créditos 4

Brevísima presentación 9
La vida 9

Prefacio 11
Aparato o propedéutica filosófica 12

Libro I. Primera parte de la filosofía o lógica 19

Primera parte de la lógica. Primera operación del entendimiento 21

Capítulo I. Naturaleza del entendimiento y sus operaciones en general 23

Capítulo II. Origen diverso y propiedades de las ideas 25

Capítulo III. Extensión de las ideas. Los universales de Porfirio 27

Capítulo IV. Las categorías de Aristóteles, llamadas vulgarmente predicamentos 31

Capítulo V. Los post-predicamentos 37

Capítulo VI. Signos de las ideas 39

Capítulo VII. La voz como signo: el término 41

Segunda parte de la lógica. De lo relativo a la segunda

operación de la mente   45

Capítulo I. Naturaleza del juicio y de la proposición   47

Capítulo II. Diversas divisiones de la proposición   49

Capítulo III. Propiedades de la proposición   51

Capítulo IV. Definición y división   55

Capítulo V. Defectos en los juicios y sus remedios   59

Tercera parte de la lógica. De lo atañedero a la tercera operación de la mente   61

Capítulo I. Naturaleza de la argumentación y principios de la misma   63

Capítulo II. Clases de argumentación   67

Capítulo III. En el que se expone el principio universal del conocimiento y si es legítimo el silogismo, sin que se tengan en cuenta ninguna de las reglas conocidas   71

Capítulo IV. Vicios de argumentación   75

Última parte de la lógica. El método   77

Capítulo I. El método lógico-analítico   79

Capítulo II. El método lógico-sintético o de trasmitir los

conocimientos   81

Capítulo III. El método de estudio   83

Capítulo IV. El método de discusión   85

Cuestiones que se suelen plantear acerca de la filosofía y de la lógica en sí mismas   87
   Conclusión: la Filosofía se divide adecuadamente en Lógica, Metafísica, Física y Ética   90

Disertación II. De La Lógica en sí   105
   Cuestión I. Primera parte de la Lógica   105
   Cuestión II. Segunda parte de la Lógica   108
   Cuestión III. Tercera parte de la Lógica   111
   Cuestión última. Criterio de verdad y de falsedad   116

Apéndice   121
   Notas manuscritas por González del Valle al final del cuaderno de Philosofia Electiva, del padre José Agustín Caballero   121
   Observaciones   122

Libros a la carta   127

Brevísima presentación

La vida
José Agustín Caballero es uno de los pensadores más relevantes de la Cuba del siglo XIX. Su Philosophia Electiva es un intento de sistematizar sus ideas en una obra ambiciosa y abarcadora.

Prefacio

Al comenzar una exposición general de la Filosofía, es muy conveniente, queridísimos alumnos, que, para que podáis comprender gran parte de lo que habré de decir, escriba previamente algo acerca del nombre, del origen, del desarrollo, de los períodos, de las diversas opiniones y de los cultivadores más importantes de la Filosofía.

Confieso con franqueza que no hay nada que me irrite más que el método seguido por algunos de hablar de Filosofía sin que los jóvenes, incluso después de haber terminado su enseñanza, sepan qué es, cuál fue su origen, a quién se comunicó por primera vez y con qué aportaciones se fue enriqueciendo, así como otras nociones necesarias, mejor diría que preliminares, para los que se dedican a esta disciplina; extremos todos que he tenido buen cuidado de no pasar por alto.

He prescindido, en cambio, de gran número de cuestiones inútiles y huecas, que con razón podríamos llamar minucias de la Filosofía y que se enseñan comúnmente en las escuelas al explicar nuestra ciencia. ¿A qué conduce, por ejemplo, discutir con tanto encono como profusión acerca del objeto de la Lógica? ¿Para qué nos sirve saber si lo universal depende del entendimiento o no? ¿Quién podría soportar aquellas disquisiciones sobre el principio de individuación, sobre la diferencia entre la cantidad y la cosa cuanta, lo máximo y lo mínimo o acerca de otras mil cuestiones de igual naturaleza, de que yo mismo, que no me considero torpe y que he dedicado largas horas y mi mayor empeño a comprenderlas, no me atrevería ni a intentar dar cuenta siquiera? Y yo me avergonzaría de decir que no las entiendo, si las entendieran aquellos mismos que han tratado de ellas.

Aceptamos, por último, la división corriente de la Filosofía, pero no habré de seguir el mismo orden que los demás. Así, en el primer libro trataré de la Lógica; en el segundo, de la Metafísica, apartándome en esto de los peripatéticos; en el tercero, de la Física, y en el cuarto desarrollaré la Ética.

Pero antes invoco al Supremo Hacedor y dispensador de todo bien para que no me permita escribir nada que caiga fuera de la Iglesia romana y de sus leyes, y me ilumine con su luz a fin de que os pueda guiar por camino recto.

Y os ruego, amables discípulos, que invoquéis humildemente la ayuda de Dios y le pidáis con fervor que os preste fuerza para comprender: porque, creedme, solo imbuyendo vuestro espíritu de los mandamientos de Dios, llegareis a alcanzar la verdadera Filosofía. Salud.

Y tened benevolencia conmigo en gracia a mi intención.

Aparato o propedéutica filosófica

La palabra griega Filosofía significa en castellano[1] amor de la sabiduría. Se dice que Pitágoras fue el inventor de la palabra al proclamarse modestamente «filósofo», es decir, amante de la sabiduría. Yo prefiero definir esta ciencia así: el conocimiento cierto y evidente de todas las cosas por sus últimas causas, logrado con la sola luz natural.

Ahora bien, pudiendo ser muchas las causas por las cuales conocemos estas cosas, si aquéllas son las más altas y universales, su conocimiento se llama sabiduría; si son sobrenaturales, Teología, esto es, ciencia[2] de Dios; si son, por último, meramente naturales, se llama Filosofía propiamente dicha o ciencia natural.

---

1 castellano; lat.: latine, por tratarse de la versión en esta lengua.
2 ciencia mejor que discurso; lat.: sermo; gr.: logos.

No busquemos el origen de la Filosofía sino en Dios nuestro señor porque es una y la misma la fuente y el principio del hombre y el de la sabiduría. En efecto, recordad que nuestro primer padre, Adán, aislado de todo otro hombre y sin esfuerzo alguno por su parte, recibió de Dios omnipotente la Filosofía.

Pero habiendo sido condenado Adán con toda su descendencia, entre otras penas de su pecado, a las tinieblas de la ignorancia por haber violado la ley de Dios, decayó en tal grado la facultad filosófica, que apenas quedó vestigio de aquel excelente don del cielo.

Mas, andando el tiempo, algunos hombres eminentes, libertándose de la desidia ambiente, movidos de la admiración hacia las cosas bellas y aleccionados por la observación frecuente de los fenómenos particulares,[3] que es lo que constituye la experiencia, emprendieron trabajosa y fervientemente, la tarea de levantar desde sus cimientos la Filosofía. Y de esta manera fue poco a poco restaurada por ellos en el transcurso de varios siglos.

No sabemos nada del estado de la Filosofía antes del Diluvio. Después del Diluvio, en casi todos los países brillaron hombres amantes del saber y doctores de la verdad, como los rabinos entre los hebreos, los caldeos en Babilonia y Asiria; los magos entre los persas; los hierofantes entre los egipcios, o como los druidas entre los galos.

Por último, la Filosofía pasó de los egipcios a los fenicios y a los griegos: Tales de Mileto la aprendió en Egipto y la introdujo en Grecia. Se reconoce a los griegos la gloria más alta en la Filosofía porque ellos profundizaron más acucio-

---

3   fenómenos particulares; lat.: affectuum singularium. Puede tratarse de una errata por effectuum: el sentido sin embargo cambia poco.

samente en cada una de sus partes. Por lo cual hay que ir a buscar a Grecia las sectas más famosas de filósofos.

Se llama secta al conjunto de hombres que, separado en cierto modo y como dividido de los demás, acepta determinado cuerpo de doctrina bajo la dirección de un jefe. De aquí el nombre de secta:[4] de secare[5] o de sectare.[6] Los filósofos más antiguos de Grecia se agrupan en dos escuelas:[7] la Dogmática y la Académica.

La Dogmática comprende a aquellos filósofos que afirman que han alcanzado la verdad, por lo menos en la mayor parte de los casos. La escuela Dogmática se divide en Jónica e Itálica. El jefe de la escuela Jónica fue Mileto, quien tuvo entre sus discípulos[8] a Demócrito. El más importante de los de la Itálica fue Pitágoras de Samos, que contó entre los discípulos a Zenón de Elea.

Se dice que éste y Mileto de Samos fueron los creadores de la Dialéctica. Se dedicaron a la Física principalmente hasta el comienzo de la antigua Academia, época en la cual los filósofos, siguiendo el ejemplo de Sócrates, se apartaron de los estudios físicos para dedicarse a la ciencia de las costumbres.

La escuela Académica tomó este nombre de la Academia, lugar sombreado de uno de los suburbios de Atenas consagrado por Academo, noble ilustre,[9] a los ejercicios de los filósofos. Estos filósofos no afirmaban nada de nada, y se dividen en Academia antigua, Academia media y Academia nueva.

4   secta; lat.: secta. Se conserva aquí esta palabra por ser necesaria para la inteligencia de la definición posterior.
5   secare; cast.: cortar. Compárase con «segar» y con «sección».
6   sectare; cast.: seguir.
7   escuelas. En adelante traduciremos lat. secta por cast. escuela.
8   discípulos. lat.: sectatores.
9   noble ilustre; lat.: heros nobilis.

Los creadores de la antigua fueron Sócrates y Platón, por lo cual los académicos antiguos se llaman platónicos y también escépticos o inquisidores porque, aunque admiten que la verdad nos es desconocida, dicen que[10] no desesperan de alcanzarla y están dedicados constantemente a su busca. También se les ha llamado pirrónicos, del nombre del académico Pirrón.

Entre los discípulos de Sócrates sobresalió extraordinariamente Platón, que fue su sucesor y tuvo entre sus discípulos a Aristóteles, famoso después de la muerte de Platón (acaecida a los ochenta años, en el mismo aniversario de su nacimiento). Los otros sucesores de Sócrates formaron la escuela Peripatética, la de los Estoicos y la Epicúrea.

El jefe de los Estoicos fue Zenón de Citio, que enseñó en Atenas, en un stoa o pórtico con gran renombre, los dogmas de una Filosofía más rigurosa. Se dice que Séneca fue uno de sus oyentes. La escuela Epicúrea debe su nombre al jefe de la misma, Epicuro, expositor de las doctrinas de Demócrito.

Lucrecio expresó en versos latinos la filosofía de Epicuro, y la cultivaron muchísimos maestros[11] hasta la época de Augusto. En nuestros días la ha refutado vigorosamente el Cardenal Polignac en una obra excelente titulada L' Anti-Lucrèce.

Los Peripatéticos se glorian de tener por maestro a Aristóteles, y adoptaron este nombre porque discutían paseando por su Liceo, es decir, en un peripato. Arcesilas impulsó la Academia media, añadiendo a la doctrina de Sócrates que, no solo no sabemos nada, sino que ni siquiera podemos saber nada. De aquí que los Académicos se llamen Acatalécticos.

10 dicen que: el subjuntivo desperarent autoriza y fuerza esta traducción.
11 cultivaron muchísimos maestros. lat.: quamplurimi perlustrarunt magistri, conj. (Vid. n. a text. lat.)

Los continuadores de Arcesilas fueron Lacides, fundador de la tercera Academia o Academia nueva, Evónder y Carneades, que explicó con gran elocuencia la doctrina de los Académicos nuevos en Roma, donde tuvo entre sus discípulos a Clitómaco, a Filón y a Antioco, maestros de Cicerón.[12]

El más importante de los filósofos de la escuela Ecléctica fue Potamón de Alejandría, a quien siguieron Amonio, Hierón, Porfirio, Orígenes, Gregorio Taumaturgo y sobre todo Clemente de Alejandría. Estos filósofos, sosteniendo que la verdad no está adscrita a determinada escuela, la buscaban en todas ellas.

La Filosofía aristotélica no logró imponerse durante los primeros siglos de la Iglesia; pero hacia el final del siglo VIII y principios del IX comenzaron a cultivarla los árabes de España, la resucitaron ilustrándola con gran cantidad de comentarios, y la introdujeron en las escuelas públicas.[13]

La doctrina de Platón fue la más generalmente seguida desde el nacimiento de Cristo hasta alrededor del siglo VIII. Muchos Padres de la Iglesia la adoptaron, sobre todo Agustín, que la utilizó con éxito para demostrar la verdad de la religión cristiana y refutar los errores de los Etnicos.

De este modo empezó a correr la fama de Aristóteles de África a Europa y de Europa al mundo entero,[14] hasta que fue aceptada y ampliada con tanto entusiasmo y firmeza, que apenas si se explicaba en las escuelas más que a Aristóteles. De aquí nació la Escuela Escolástica, esto es, la de los que piensan que hay que acudir a Aristóteles en busca de toda verdad.

---

12 Cicerón, or. lat.: «M. T.» Solamente.
13 escuelas públicas; lat.: publicas scholas.
14 mundo entero; lat.: universum, conj. (Vid. n. a text. lat.)

La Escuela Escolástica se divide en otras tres: la primera, la de los Tomistas; la segunda la de los Escotistas; y la tercera la de los Nominalistas. El maestro indiscutible de los Tomistas es Santo Tomás de Aquino, el Doctor Angélico, llamado Príncipe de las Escuelas por antonomasia. Los Escotistas tienen por maestro a Juan Duns Escoto, el Doctor Sutil. El de los Nominalistas, por último, es Guillermo de Occam, inglés, asimismo de la Orden de los Hermanos Menores y discípulo de Escoto. Se le llama el Doctor Invencible y vivió hacia mediados del siglo XIV.

La Escuela Escolástica conservó la supremacía sin disputa alguna hasta la muerte de Guillermo de Occam, época en la cual sentaron los fundamentos de la nueva Filosofía Galileo Galilei, de Florencia, en Etruria, Francisco Bacon, Conde de Verulan, en Inglaterra, y el famosísimo médico Antonio Gómez Pereira, en España.

Estos fueron los primeros que, rompiendo el yugo de una tradición escolástica inveterada, abrieron nuevas vías por donde muchos hombres notables por su cultura llegaron a la reinstauración de la Filosofía mecánica, cultivada ya en otros tiempos por Demócrito y Epicuro.

Así surgieron, entre otras, dos escuelas famosas: la de los Gassendistas y la de los Cartesianos. Aquélla tuvo por jefe a un hombre sapientísimo, el sacerdote Pedro Gassendi, que concilió el sistema filosófico de Epicuro con la religión. La segunda, a Renato Descartes, que sobresalió extraordinariamente en el estudio de las Matemáticas.

En estos últimos tiempos[15] se ha impuesto otra escuela: la de Isaac Newton, noble inglés y matemático insigne, quien por un lado admite los razonamientos de los Escolásticos, y prescinde por otra parte de otras hipótesis más recientes y,

---

15 Caballero escribe en 1797.

sin insistir en la investigación de la naturaleza interna de las cosas, se preocupa solamente de sus apariencias.

La realidad es que el método del raciocinio mecánico ha sido aceptado en toda Europa con tal interés y adhesión, que nadie considera dignos de ser tenidos por filósofos a quienes siguen otro camino en la explicación de los fenómenos físicos.

Son innumerables los hombres esclarecidos que han adoptado tal método y gracias a sus experimentos, ha sido enormemente ilustrada la Filosofía. En el transcurso de nuestra explicación habremos de citar repetidamente y con elogio sus nombres, si no los de todos, sí los de los más conocidos. Pero baste lo dicho por ahora.

Veamos a continuación las partes principales de la Filosofía propiamente dicha: La que dirige el espíritu hacia el conocimiento de la verdad, se llama Lógica; la que estudia las cosas insensibles, Metafísica; la que se ocupa de las sensibles, se llama Física. Y la que nos da reglas de costumbres, Etica.

Esta va a ser vuestra tarea y vuestro trabajo.

Libro I. Primera parte de la filosofía o lógica

La palabra griega Lógica, racional en latín, significa la disciplina de la razón, que prepara el espíritu para alcanzar la verdad en cualquier lugar y en todo tiempo. Se la llama también Dialéctica, esto es, disciplina de la discusión.[16] Se divide en natural, la facultad de discurrir nacida en nosotros de la propia naturaleza; y artificial, o facultad lograda mediante el uso y el esfuerzo, y que encierra los preceptos que nos dirigen en el raciocinio correcto.

También se divide en Lógica docente y usual: la primera enseña las reglas del bien exponer; la segunda consiste en la aplicación de aquellas[17] mismas reglas. Los Escolásticos dividen además la Lógica en Mayor y Menor: aquélla contiene cuestiones; ésta, preceptos.

Se atribuye generalmente a Zenón de Elea el restablecimiento de la Lógica; pero fue Aristóteles quien la elevó a la perfección y la ha expuesto de manera tan clara y tan bella, que con razón ha sido considerado por algunos como su creador.

Dividiremos la Lógica en tantas partes cuantas son las operaciones del espíritu.

---

16 Disciplina de la discusión; lat.: disputativa.
17 de aquellas; lat.: istarum, con su valor en bajo lat.

Primera parte de la lógica. Primera operación del entendimiento

Capítulo I. Naturaleza del entendimiento y sus operaciones en general

Antes debemos saber que potencia en general es aquella virtud o facultad que tiene una cosa de hacer algo o de producir algún efecto. Operación o acto es por el contrario el realizar mismo o el producir dicho efecto.

La primera potencia de nuestro espíritu es el entendimiento, es decir, la facultad que percibe, juzga, raciocina, ordena, etc., y por ello se llama potencia intelectiva o cognocitiva. Y el hecho de entender, de percibir y de conocer es la operación del entendimiento, llamada también inteligencia, percepción y conocimiento.

Comúnmente se asignan al entendimiento tres operaciones: la simple aprehensión, el juicio y el discurso. La aprehensión (llamada por los filósofos forma intelectual de una cosa, imagen espiritual, reproducción, figura impresa, palabra mental o idea) es el conocimiento de un objeto sin afirmar ni negar nada acerca de él, como cuando pensamos en el Sol sin atribuirle nada expresamente.

Juicio es el conocimiento de un objeto afirmando o negando algo, como cuando consideramos la idea de «hombre» y la de «blancura» diciendo que el hombre es blanco. Discurso es la operación mediante la cual, de uno o de varios juicios extraemos otro, v. gr.: El hombre es animal; luego tiene algo común con el caballo y con el león.

El entendimiento procede generalmente de la primera operación a la segunda y de la segunda a la tercera.

Así en el primer paso aprehende el objeto y forma en su interior la idea del mismo; luego juzga acerca de él afirmando o negando que es realmente tal como se le aparece; y en tercer lugar, de uno o de varios juicios deduce otro enlazado con ellos.

Capítulo II. Origen diverso y propiedades de las ideas

Nuestras ideas se dividen por razón de su origen en adventicias, facticias e innatas. Son adventicias las que se adquieren mediante el empleo de los sentidos, como la idea de león; facticias, las que nosotros mismos formamos de las adventicias, poniendo o quitando algo, como monte de oro. Se llaman innatas las que fueron impresas en el espíritu del hombre por el propio Dios en el momento mismo de la creación.

Se llama idea simple la que no contiene sino una noción, como la idea de hombre. La que por el contrario consta de varias nociones se llama compleja, como hombre sabio. Llamamos adecuada o comprensiva a la que muestra al espíritu todo lo que hay en el objeto, e inadecuada a la que muestra al espíritu parte tan solo de la cosa.

Capítulo III. Extensión de las ideas. Los universales de Porfirio

Toda idea es o universal o particular o singular. Es universal aquélla en que convienen otras varias, como la idea de animal. Particular es la que se refiere a un objeto solo numéricamente, pero lo presenta de manera vaga e indeterminada, como la idea de hombre. Y es singular la que muestra a la mente un solo objeto[18] concreto y determinado, como la idea de Pedro.

La idea universal se convierte en particular, si se le añade otra que la limite de suerte que no sea aplicable sino a un número más reducido de cosas. Así, la idea de animal, que es común a los hombres y a las bestias, se limita a solo los hombres, si le añadimos la idea de racional. Y, si se le agregan nuevos accidentes o circunstancias, se llegará a formar una idea singular e indivisible.

Por el contrario, si el entendimiento abstrae y separa en orden inverso aquellas circunstancias sobrepuestas, subirá de una idea singular a otra universal, esto es, hará que la idea singular, que en cierto modo está inseparablemente unida a la cosa, se convierta en universal y convenga a muchas cosas. Esta operación se llama abstracción.

De aquí se deduce lógicamente que las naturalezas universales de las cosas no existen en ninguna parte sino que las forma el entendimiento cuando separa la naturaleza singular existente en un sujeto singular, de todas sus circunstancias, quedando así, una vez abstraída o concebida por el entendimiento, indiferente a varios objetos en el ser.

Los universales o predicables son cinco: género, diferencia específica, especie, propio y accidente.

---

18   objeto, por sujeto, como exigiría lat. subjectum.

Género es un atributo universal común a varios objetos de diferente especie, v. gr.: animal respecto de hombre y de bestia. Según los escolásticos se predica el género in quid incomplete: in quid porque se predica de la esencia; incomplete porque aún no está completa en él la esencia de la cosa.

Diferencia específica es un atributo esencial, común a varios objetos, que caen bajo un mismo género y por la cual se diferencian esencialmente de los demás contenidos también en el mismo género, como la racionalidad. Entre los escolásticos se predica in quale quid: in quale porque cualifica o denota cual es el género; in quid porque pertenece a la esencia.

Especie es un atributo que consta de género y diferencia, es común a varios objetos, diferentes solo en número, y respecto de los cuales se enuncia como la esencia íntegra y completa. Así, la naturaleza humana, que consta intrínsecamente de género y de diferencia, la animalidad y la racionalidad, y constituye la totalidad de la esencia de cuanto le está subordinado, es una especie. Se predica in quid complete, según los escolásticos.

Individuo, correlativo de especie, es aquello bajo que no se encuentra nada de que se pueda enunciar aquél, ya como su esencia completa, ya como parte de su esencia. Los individuos de la misma especie se diferencian entre sí, no según la esencia, sino porque hay algo en ellos que los hace diferentes el uno del otro; los escolásticos llaman a ese algo lo individual o diferencia numérica.

Esta diferencia individual se define como una reunión tal de determinadas propiedades y circunstancias, que no sea posible que se den las mismas en dos objetos.

He aquí lo que determina la diferencia individual de un hombre: la forma, la figura, el lugar, el tiempo, el linaje, la patria, el nombre.

Propio es un atributo común a varios objetos diferentes en número o en especie y de los cuales se enuncia accidental y necesariamente, o como dicen los escolásticos, in quale necessario: in quale porque no pertenece a la esencia; necessario porque no se puede privar a las cosas de un atributo que les es propio.

El propio se aplica de cuatro modos: primero, si conviene solo a la especie, pero no a toda ella, como el ser médico; segundo, si conviene a toda la especie, pero no solo a ella, como el ser bípedo; tercero, si conviene a toda y a ella sola, pero no siempre, como el hablar en el hombre; cuarto, y a que nos hemos referido ya, si compete a toda y a sola la especie y además siempre, como la facultad de hablar en el mismo hombre.

Accidente es el atributo común a varios objetos respecto de los cuales se predica accidental y contingentemente, en el sentido de que es posible privarlo de tal accidente sin que se altere la naturaleza de los mismos. De esta manera está la blancura en Pedro, de la cual se le puede privar sin que se altere la naturaleza de Pedro.

Y baste lo dicho acerca de los cinco universales de que con tanto aparato hablan los escolásticos.

Capítulo IV. Las categorías de Aristóteles, llamadas vulgarmente predicamentos

Antes de explicar las categorías, expondré la división general del ente. Se llama ente real todo aquello a que no repugna el ser. Se divide el ente, primero en sustancia y accidente o, como se dice hoy, en cosa y en modo. Sustancia es el ente que subsiste por sí, como la piedra, y accidente lo que no puede existir por sí sino en algún sujeto, como la blancura.

La sustancia se divide en espiritual, que por su propia naturaleza está dotada de la facultad de pensar, como el alma racional; y en corpórea o material, la que es esencialmente extensa e impenetrable, como la madera. La sustancia espiritual puede ser absolutamente perfecta, Dios solamente; y otras imperfectas; unas de naturaleza completa: el ángel; otras incompletas: el alma racional.

La sustancia corpórea o cuerpo puede ser simple o compuesta. Es simple la que no está formada intrínsecamente de otras disímiles por naturaleza, como el agua; esta sustancia se llama también homogénea. Compuesta es la que consta de otras de diferente naturaleza, como el cuerpo humano; se llama también sustancia heterogénea.

El cuerpo compuesto se divide en viviente y no viviente o animado e inanimado: animado es el que se traslada de lugar con movimiento interior y propio; inanimado, el que se mueve con movimiento exterior. El cuerpo vivo que en principio está dotado de movimiento progresivo, se llama animal; el que carece de él se llama planta, de las que hay innumerables especies.

El animal puede estar dotado de razón y se llama hombre, el cual no tiene bajo sí sino individuos; o carecer de ella y se llama bestia, de las que hay diversas especies.

Se puede ver gráficamente todo esto en el árbol de Purchot del cuadro siguiente: (pendiente)

El accidente se divide en espiritual, que afecta a la sustancia espiritual; y corpóreo, que afecta al cuerpo. Asimismo se divide en absoluto, el que está en el sujeto sin necesidad de que pongamos este mismo sujeto en relación con otro, como los colores; y respectivo o relativo, que no se puede concebir en el sujeto sin referirlo a otro, como la semejanza.

El accidente absoluto se divide en modal y no modal: es modal el que ni puede existir ni se puede concebir sin el sujeto de que es el modo de ser, como la redondez; no modal, aquél que podemos concebir, y por el poder de Dios puede existir, independientemente del sujeto en que se encuentra, como el olor, el sabor, etc., en la Eucaristía. Esta es la doctrina escolástica.

Los modernos no admiten más accidentes que los modales, que dividen en primarios, aquéllos de que provienen otros, como la magnitud, la figura, etc.; y secundarios, que se derivan de los primarios y se dividen a su vez en tantas clases como sentidos externos hay.

Los modos son por último, unos positivos, los que significan una perfección real, como la luz; y otros negativos, que señalan la negación de alguna perfección, como las tinieblas.

Pero pasemos ya a las categorías, inventadas, según Boecio, por Arquitas Tarentino o por Aristóteles, en opinión de otros.

Categoría en griego, y praedicamentum en latín, es cierta distribución de las cosas todas en determinadas clases en las que los filósofos encuadran los objetos de nuestro conocimiento. Aristóteles enumera diez: sustancia, cantidad, cualidad, relación, acción, pasión, donde, cuando, situación y hábito.

Ya hemos definido la sustancia y en el árbol de Purchot figura su división. Sus propiedades son: no tener contrario, ser sujeto de contrarios, no admitir más ni menos.

Cantidad es el accidente que hace que las cosas se extiendan en partes: si las partes están unidas, se llama continua; si por el contrario las partes están separadas, se llama discreta, como el número.

La cantidad continua o es sucesiva, aquella cuyas partes se suceden la una a la otra, como el tiempo, o permanente, cuando las partes existen todas al mismo tiempo, como el cuerpo. Esta última es de tres clases: la línea, la superficie y el cuerpo o sólido. Pero esta división es puramente matemática y aquí no tratamos de las Matemáticas.

Las propiedades de la cantidad son: ser fundamento de la igualdad y de la desigualdad; no tener contrario; no admitir más ni menos, porque lo uno no se puede decir en igual sentido[19] de lo otro, sino mayor.

La cualidad es el accidente que prepara la cosa para algo,[20] como la salud prepara al hombre para vivir bien.

La cualidad se divide en hábito y disposición; en potencia natural y en impotencia; en cualidad pasible[21] y en pasión; en forma y figura. Hábito es cierta facilidad para obrar, añadida a una potencia activa y lograda mediante el uso y el ejercicio. Disposición es por el contrario cierta propensión a obrar.

Potencia natural es una fuerza infundida en nosotros por la misma naturaleza, y mediante la cual obramos o resistimos a las cosas contrarias, como la agudeza de ingenio en el hombre, la dureza en la piedra. Impotencia natural es la carencia de facultad para obrar o para resistir a los contra-

---

19 en igual sentido; lat.: eodem modo, conj. (Vid. n. a text. lat.)
20 algo; lat.: aliquid (Vid. n. a text. lat.)
21 pasible; lat.: patibilem (Vid. n. a text. lat.)

rios. Cualidad pasible es una disposición sensible firmemente adherida al sujeto, como la blancura en el cisne.

Pasión es una afección sensible que pasa rápidamente del sujeto como el rubor en el rostro, originado de la vergüenza.

Forma es la adecuada disposición y figura de los miembros, y se encuentra en los seres naturales.

Figura es el límite dentro del cual está el cuerpo circunscrito por todas partes, y se da en las cosas artificiales.

Las propiedades de la cualidad son: ser fundamento de la semejanza y de la desemejanza, tener contrario, admitir más y menos, o sea ser susceptible de aumento y de disminución. Pero estas dos últimas propiedades no son comunes a todas las cualidades, puesto que la primera no se da en la luz y no encontramos la segunda[22] en el círculo, no obstante ser la luz y la figura dos clases de cualidades.

Relación es la ordenación de una cosa hacia otra, como la del padre al hijo. La relación puede ser real, esto es el orden inherente a las cosas en sí mismas; en este sentido dos cosas blancas son parecidas sin que nadie piense en ellas; y de razón, esto es, el establecido por la mente entre algunas cosas, como el de la especie al género. La real es de dos clases: una procede de dentro y otra viene de fuera.

Se dice que procede de dentro la que aparece entre los extremos relacionados, tan pronto como aquéllos se dan en la naturaleza, como la semejanza entre dos cosas blancas. Procede de fuera la que depende de una condición externa, como la relación entre el agente y el paciente, que depende de cierta[23] aproximación.

En opinión de los escolásticos, en toda relación hay que distinguir cuatro cosas: sujeto, o sea aquello que se refiere a

---

22 la segunda, lat.: ista, con su valor en bajo lat.
23 cierta; lat.: certa, con su valor en bajo lat.

otra cosa; término, o aquello con que se compara el sujeto; fundamento o razón en cuya virtud se relacionan entre sí las dos cosas dadas; y la relación misma, esto es, la ordenación en sí y la manera de ser de los términos.

Las propiedades de la relación son: primero, las cosas relacionadas son convertibles: esto es, que si lo blanco A es semejante a lo blanco B, lo blanco B será también semejante a lo blanco A. Segundo, existir simultáneamente en el tiempo y en la naturaleza: en efecto, no puede haber padre sin que haya hijo o viceversa. Tercero, estar presentes al mismo tiempo en el conocimiento: no se puede conocer lo uno sin lo otro.

Acción es el acto del agente en cuanto agente.

Pasión es la acción del agente recibida en el paciente. Se diferencia de la pasión de la cualidad[24] en que dura más.

Donde es la relación de la cosa con el lugar, como Estoy en la Academia.

Cuando es la relación de la cosa con el tiempo, v. gr.: ¿Cuándo se escribió esto? En el año 1797 de nuestra era.

Situación es la disposición de las partes en un lugar, como estar sentado.

Hábito es la disposición de las cosas en relación con el vestido, como llevar túnica.

Tales son las categorías de Aristóteles que los escolásticos tratan como si constituyeran un misterio. Pero los modernos, con pocas excepciones, encuadran todas las cosas que existen en el mundo, tal vez más acertadamente, en el siguiente dístico:

Espíritu, medida, quietud, movimiento,
posición, figura
Son, con la materia, los principios de todas las cosas.

---

24 pasión de la cualidad, lat.: passione qualitatis.

Capítulo V. Los post-predicamentos

Aristóteles enumera cinco post-predicamentos: la oposición, la prioridad, la simultaneidad, el movimiento y[25] el modo de ser.

Oposición es la repugnancia de una cosa respecto de otra. Prioridad[26] es aquello en que una cosa está antes que otra. Puede ser de cinco clases: de tiempo, de naturaleza, de orden, de dignidad y de causa.

Está primero[27] en el tiempo lo que precede a otra cosa en determinado intervalo de tiempo, como la juventud[28] a la vejez. Primero en naturaleza, lo que se deduce de otra cosa de suerte que esta otra no pueda colegirse de aquélla. En este sentido, el género está antes que la especie, puesto que, dado el género, se da la especie; pero no lo contrario.

Se dice que está primero en el orden una cosa que precede a otra en alguna serie. Así en los números, está el segundo antes que el cuarto.

Primero en dignidad es lo que está antes que otros en el honor, como el obispo en relación con los presbíteros, que le son subordinados. Primero en la causa es lo que produce realmente a otro: el padre está, en este sentido, antes que el hijo.

De otras tantas maneras se dice igualmente que una cosa es posterior a otra, así como son otras tantas las maneras de poderse enlazar varias cosas para que existan al mismo tiempo, toda vez que las cosas opuestas se explican por medio de razonamientos opuestos.

---

25   movimiento y..., lat.: motus et..., conj. rot.
26   Prioridad; lat.: prioritas, conj. rot.
27   Está primero; lat.
28   la juventud; lat.: iuventus conj. rot.

El movimiento corresponde a la Física. Y el modo de ser no tiene nada especial para que merezca que hable de él.

Capítulo VI. Signos de las ideas

Signo sensible es, según la definición de San Agustín, aquello que, aparte la imagen que lleva a los sentidos, hace que venga al conocimiento alguna otra cosa.

Puede ser natural, el que por su misma naturaleza anuncia la cosa: en este sentido es la respiración signo de la vida; y arbitrario o caprichoso, el que sugiere el objeto por la libre voluntad de los hombres, como el olivo simboliza la paz.

El signo se divide en práctico, que produce la cosa que significa, como los sacramentos respecto de la gracia; y especulativo, el que significa la cosa, pero no la produce, como el cuadro sugiere el pintor. Se divide además en demostrativo, si significa una cosa presente; en pronóstico, si señala una cosa futura; y rememorativo, que nos sugiere una cosa pretérita.

Se dice que el signo es verdadero, si el objeto es congruente con el propio signo. De lo contrario, se considera falso.

Signo cierto es el que nunca engaña, como los signos naturales establecidos por Dios; incierto o dudoso es el que siempre y por su esencia,[29] engaña. Y signo probable es el que engaña solo en contadas ocasiones: las nubes en el cielo durante la noche son signo probable de una mañana serena.

---

29 Esencia; lat.: essentia, conj. rot.

Capítulo VII. La voz como signo: el término[30]

Voz, tomada la palabra en su sentido estricto, es un sonido animal emitido por la boca con intención de significar algo. Puede ser articulada, la que se expresa mediante sílabas y como por artículos; e inarticulada, la que no es posible separar en sílabas, como el ladrido y el gemido. Estas últimas voces son comunes a los hombres y a los animales; aquéllas son propias de solo los hombres.

La voz articulada o término, en el sentido que aquí damos a esta palabra, es el signo de una cosa percibida por la simple aprehensión. Se divide en categoremático, el que solo y por sí significa alguna idea, como hombre, y sincategoremático, el que, aislado, no significa nada, pero sí, si se une al categoremático, como todo.

Se divide también en concreto, si significa un sujeto dotado de forma, como blanco, y abstracto, que expresa una forma subsistente[31] sin el sujeto, como blancura.

Término definido es el que significa una cosa concreta y determinada, como Pedro; indefinido o infinitante,[32] el que, mediante la anteposición de la partícula no, no significa nada concretamente sino que se limita a excluir algo determinado, como no-hombre.

Digamos, de paso, que unos términos son negativos en la voz, pero positivos en la significación, como inmensidad; otros por el contrario, son positivos en la voz y negativos en su significación, como mortal, y otros, finalmente, son negativos tanto en la voz como en el significado, como impío.

30 sonido animal emitido por la boca o sonido emitido por la boca de los animales; lat.: sonus animalis ore prolatus.
31 subsistente, supl.
32 infinitamente; lat.: infinitans: se emplea este latinismo para mayor claridad.

Los términos se dividen además en transcendentes e intranscendentes. Aquellos convienen a todas las cosas, como ente, verdadero, bueno, algo, uno, con cuyas iniciales se compone una palabra célebre entre los escolásticos, aunque bárbara: REUBAU;[33] éstos no convienen a todas las cosas. El término de primera intención significa la cosa según es en sí, como Pedro; el de segunda intención denota la cosa según el estado que le atribuye el entendimiento, como género.

Se llama[34] término unívoco el nombre cuya significación es exactamente la misma en todos los objetos a que conviene. De esta forma se enuncia hombre de Pedro y de Pablo. Término equívoco es el nombre común cuya significación es totalmente diferente en cada uno de los objetos de que se predica, como la palabra can respecto de un animal doméstico, de un animal marino y de una constelación.[35]

Término análogo es el nombre cuya significación es en parte la misma y en parte diferente en los mismos objetos a que se refiere, como sano, que se dice del alimento y de la medicina: de ésta[36] porque produce la salud y de aquél porque la conserva. Los términos análogos son de dos clases: de atribución y de proporción.

Término de atribución es el que se atribuye cuando consideramos de distinto modo la idea significada por una misma palabra, como sano. De proporción, el que se atribuye a diversos objetos en cuanto guardan la misma relación con cosas distintas, como el nombre cabeza que se aplica a la parte superior del cuerpo humano y a la de un monte.

Las propiedades principales de los términos son las siguientes: suposición, que es el empleo de un término en lugar

33 REUBAU, sic. comenzando por R, inicial de (res).
34 se llama; lat.: dicitur, conj. rot.
35 de una constelación. lat.: sideris cuiusdam.
36 ésta, lat.: ista, con su valor en bajo lat.

de alguna cosa representada por dicho término. Se divide en material, que es el empleo del término en sustitución de sí mismo como Hombre es una palabra; y formal, que es el empleo del término en lugar de su significado, como El hombre es un animal que discurre.

Puede ser colectiva, o empleo del término en lugar de los varios objetos significados, tomados conjuntamente, como Los Apóstoles son doce; distributiva, o empleo del término por todos y cada uno de los objetos significados, como El hombre es un animal; y disyuntiva, o empleo del término por varios de los objetos significados, tomados separadamente, como El hombre es blanco.

Ampliación es la extensión del término de una significación menor a otra mayor, como Cristo murió por todos. Restricción es la reducción del término de un significado más amplio a otro menor, como Orador por Cicerón. Alienación[37] es el traslado del término de su significación propia a otra ajena a él, como La justicia es la sal de la vida. Apelación es la adición de un término a otro.

Pero baste con lo dicho sobre la primera operación.

---

37 alineación, empleando el latinismo en castellano.

Segunda parte de la lógica. De lo relativo a la segunda operación de la mente

Capítulo I. Naturaleza del juicio y de la proposición

El juicio interno de la mente expresado por medio de palabras se llama proposición o enunciación, y se define diciendo que es la oración en la cual se enuncia una cosa de otra, bien afirmando, bien negando.

La proposición está formada por nombres y un verbo. Los nombres de la proposición se llaman sus términos y también sus extremos; el verbo es su cópula.

De aquí que el término se defina: el extremo de la proposición; y el verbo, la unión o el nexo de los extremos.

De los dos términos de la proposición, uno se llama sujeto, el otro predicado o atributo. Sujeto es el término del que se enuncia otro. Predicado, el que se enuncia de otro afirmando o negando.

Capítulo II. Diversas divisiones de la proposición

Podemos considerar la proposición ya en sí misma ya en lo que le es anejo. Considerada de la primera manera, se puede distinguir la materia acerca de la cual, la forma, la cantidad y la cualidad.

Materia acerca de la cual son todas las cosas que abarca la mente con su juicio, y por este concepto se divide la proposición en necesaria, contingente, posible e imposible.

Se dice que una proposición es necesaria cuando su predicado conviene necesariamente al sujeto o le repugna necesariamente, como El hombre es racional, La piedra piensa; y así las demás divisiones, puesto que las denominaciones se explican por sí solas.

La forma de la proposición la constituyen la afirmación y la negación; y así se divide, por razón de la forma, en afirmativa y negativa. Es afirmativa aquella en la cual el predicado se une al sujeto, como Dios es justo. Negativa es aquella en la cual apartamos el predicado del sujeto, como Dios no es mentiroso.

Cantidad de la proposición es la extensión que tiene su sujeto, y por razón de ella se divide la proposición en universal, particular y singular, divisiones que son suficientemente claras.

La cualidad de la proposición son la verdad y la falsedad, y por ella se divide la proposición en verdadera y falsa. Es verdadera la que está conforme con su objeto; falsa, la que no lo está.

Por lo que le es anejo se dividen las proposiciones: primero, según la materia de que están compuestas; y segundo, por razón del modo de predicarse.

La materia de que de la proposición son los términos de que consta, y por esta razón se divide en simple o categórica, que consta de un sujeto, un predicado y una cópula, como Todo avaro es miserable; y compuesta o hipotética, que consta de varias simples unidas por alguna partícula, como Pitágoras afirma que el alma pasa de un cuerpo a otro y que no es lícito comer carne.

Por razón del modo de predicarse, se dividen las proposiciones en absolutas, en las que no se explica la manera de ser del predicado en relación con el sujeto, como Antonio es ilustrado, y en modales, en las que se explica tal modo, como Antonio es circunstancialmente ilustrado.

Las demás divisiones de la proposición, condicional, causal, copulativa, etc., no necesitan explicación.

Capítulo III. Propiedades de la proposición

Las propiedades de la proposición son tres: oposición, conversión y equipolencia[38] o equivalencia.

Oposición es la repugnancia entre dos proposiciones que tienen el mismo sujeto y el mismo predicado, por ejemplo: Todo hombre es justo; Todo hombre no es justo. Es de cuatro clases: contradictoria, contraria, subcontraria y subalterna.

Oposición[39] contradictoria es la repugnancia entre dos proposiciones, una de las cuales es universal y la otra particular o las dos singulares, y una afirmativa y otra negativa, como Todo hombre es blanco, Algún hombre no es blanco; Antonio es justo, Antonio no es justo. Una de estas proposiciones es siempre verdadera y la otra, falsa.

Oposición contraria es la repugnancia entre dos proposiciones universales una de las cuales es afirmativa y la otra negativa, como Todo hombre es blanco; Ningún hombre es blanco. Estas proposiciones no pueden ser nunca verdaderas al mismo tiempo, pero pueden muy bien ser las dos falsas al mismo tiempo en materia contingente.

Oposición subcontraria es la repugnancia entre dos proposiciones particulares, una de las cuales afirma y la otra niega, como Algún hombre es blanco; Algún hombre no es blanco. La regla para éstas es que nunca pueden ser falsas al mismo tiempo, pero sí pueden las dos ser verdaderas en materia contingente.

Oposición subalterna, que en rigor no es una verdadera oposición, se da entre dos proposiciones, una de las cuales es universal y la otra particular y ambas afirmativas o negati-

---

38 Equipolencia; lat.: aequipollentia, empleando el latinismo en cast.
39 oposición, supl.

vas, como Todo hombre es blanco, Algún hombre es blanco; Ningún hombre es blanco, Algún hombre no es blanco.

De estas proposiciones algunas veces una es verdadera y otra falsa; otras veces una y otra son verdaderas; y en ocasiones, ambas falsas. Pero para que se entienda mejor todo esto y se aprenda de memoria con más facilidad, examínese el paradigma siguiente: (pendiente)

Conversión de una proposición es su inversión, que se hace cambiando el sujeto en predicado y el predicado en sujeto, pero de suerte que se conserve la verdad de las dos proposiciones, como Algún hombre es blanco; Algo blanco es hombre. La conversión es simple, si se mantiene la misma cantidad, y per accidens, si cambia la cantidad.

Las proposiciones universales afirmativas no se convierten porque en ellas el predicado supone[40] disyuntivamente, como Todo hombre es animal: sería incorrecta la conversión (porque aquí animal supone solo para algunos), si dijéramos Todo animal es hombre. Pero en las negativas se podrá hacer perfectamente bien, porque el predicado supone distributivamente.

Equivalencia o equipolencia[41] es la reducción de dos proposiciones opuestas a una misma significación mediante el empleo de la partícula no, que en las contradictorias se antepone al sujeto, en las contrarias se pospone y en las subcontrarias se antepone y se pospone, como se expresa en el verso siguiente:

Ante, contradic; pos, contra; ante-pos, subalter.

Pondré un ejemplo para que se entienda mejor la equivalencia: Todo hombre es justo; Algún hombre no es jus-

---

40 supone; lat.: supponit. Se emplea el latinismo admitido generalmente entre los escolásticos.
41 equipolencia; lat.: aequipollentia.

to. Estas dos proposiciones son contradictorias y, para que haya equivalencia, se debe anteponer la partícula no, de este modo: No todo hombre es justo, que equivale a esta otra: Algún hombre no es justo.

Pero para que distingáis bien la fuerza y el valor de las negaciones que se anteponen o se posponen, aprended estos versos mnemotécnicos:

No, todo; alguno, no; todo, no, como ninguno;
No ninguno, alguno; pero ninguno equivale a todo;
No alguno, ninguno; no alguno no, equivale a todo.

Capítulo IV. Definición y división

Entre las proposiciones, la definición y la división son muy útiles para crear la ciencia; es más,[42] son necesarias. La primera muestra la noción esencial de una cosa; la segunda separa sus partes, y a ello se debe que la definición y la división se llamen los modos del saber y también raciocinio, porque son oraciones que ponen en claro lo desconocido.

La definición es, pues, una proposición que explica lo que se encierra oculto y oscuro en el objeto o en la palabra. Puede ser de nombre, que explica precisamente el significado exacto del nombre; y de cosa, que explica el propio objeto significado por la palabra. Una es esencial, la que explica la cosa por los principios que constituyen su naturaleza, y otra accidental o descriptiva, que explica la cosa por medio de otras que le son anejas.

La definición esencial es de dos clases: física, que explica el objeto por sus elementos físicos, esto es por su materia y su forma, como El hombre está compuesto de cuerpo y de alma; y metafísica, que lo explica por sus elementos metafísicos, es decir, por el género y la diferencia, como El hombre es un animal racional.

Para que haya verdadera definición, debe ser ésta más clara que lo definido; no debe ser ni superflua ni deficiente; debe constar, en cuanto ello sea posible, de género próximo y de última diferencia; la definición podrá sustituir a lo definido y viceversa. Lo definido no debe entrar en la definición. De lo dicho surgen los axiomas siguientes:

- Lo definido conviene a todo aquello a que conviene la definición.

---

42 es más; lat.: immo, conj. rot.

- La definición conviene a todo aquello a que conviene lo definido.
- Lo definido excluye todo aquello que excluye la definición.
- La definición excluye todo aquello que excluye lo definido.

La división es una proposición que resuelve el todo en sus partes. El todo que se divide se llama miembro dividido. Las partes en que se divide un todo se llaman miembros dividentes. El todo se llama unas veces potencial, otras esencial, otras integral y otras accidental; consiguientemente, la división puede ser asimismo de todas estas clases.

Todo potencial,[43] llamado también lógico, es cualquier atributo universal que por medio de las diferencias se concreta en las diversas cosas que encierra en sí. Del mismo modo división potencial es la distribución de lo superior en sus partes inferiores: del género, por ejemplo, en sus especies, y de la especie en sus individuos. Las partes de este todo se llaman subjetivas.

Se llama todo esencial a todo aquello cuya naturaleza o esencia consta de otras varias. De aquí que la división esencial es la distribución de una cosa en las partes de que en realidad está esencialmente compuesto, ya físicas, como el cuerpo y el alma en el hombre, ya metafísicas, como la animalidad y la racionalidad en el hombre asimismo.

Todo integral es lo que consta de varias cosas colocadas mutuamente la una fuera de la otra y ninguna de las cuales depende de las demás en cuanto a su existencia. Estas partes, que reciben el nombre de integrantes, son u homogéneas o heterogéneas. División integral es, pues, la distribución de

---

43 Todo potencial; lat.: potentiale.

un todo en sus partes integrantes tanto homogéneas como heterogéneas.

Por último, todo accidental es aquello que resulta del sujeto y su accidente. La división accidental es por consiguiente de tres clases: del sujeto en los accidentes, como el cuerpo que se divide en blanco y en negro; del accidente en sustancias, como lo blanco en nieve y en papel; del accidente en otros accidentes, como lo blanco en amargo y en dulce.

Las reglas de la buena división son las siguientes: La división debe ser lo más breve posible; debe ser adecuada; los miembros dividentes han de excluirse mutuamente; hágase primeramente la división en sus partes próximas e inmediatas, y luego divídanse éstas[44] en otras hasta que se llegue a las últimas, y hasta la atomización, como si dijéramos. De lo dicho se deducen los siguientes axiomas:

- De cuanto se afirma lo dividido se pueden afirmar a su vez los miembros dividentes.
- De cuanto se niega lo dividido se niegan también todos y cada uno de sus miembros.
- De la afirmación de lo dividido no se deduce la afirmación de algún miembro determinado.
- De la afirmación de algún miembro determinado se infiere la afirmación de lo dividido.

---

44 éstas; lat.: istas, con su valor en bajo lat.

Capítulo V. Defectos en los juicios y sus remedios

Al formular nuestros juicios debemos evitar ciertos vicios que nos impiden formar juicio correcto acerca de las cosas. Debemos en primer lugar percibir muy bien las palabras[45] que se emplean para expresar las ideas; limpiar el entendimiento y la voluntad de sus preocupaciones; no formular jamás un juicio en el que entre el más pequeño elemento de afecto, de odio o de simple sospecha de que lo haya.

Hay que evitar con sumo cuidado, al considerar las cosas, la precipitación de la mente, pues es temerario formular juicio sobre cosas ignoradas o no suficientemente investigadas, puesto que abundan los impacientes que no son capaces de detenerse en la consideración reposada de las cosas.

La mente emplea frecuentemente los sentidos, no como auxiliares cuyos defectos deba corregir, sino como heraldos en quienes confía demasiado; y lo que es más, como instrumentos de medida del conocimiento. Por eso los sentidos engañan de varias maneras a nuestros juicios y son la causa de que nos equivoquemos. No se puede, por ello, prestar asentimiento firme a todo lo que percibimos con los sentidos, a no ser que éstos estén debidamente preparados y sean perfectamente eficaces.

Formúlese el juicio de acuerdo con el conocimiento adquirido, previo un examen suficiente de la cosa, de manera que, si el conocimiento es claro y distinto, el juicio sea estable y firme. Y por el contrario, si el conocimiento fuere oscuro o confuso, el juicio será nulo o a lo más, vacilante. De aquí se deducen los cuatro principios siguientes:

---

45 percibir... las palabras; lat.: percipere voces, conj. rot. (Vid. n. a text. lat.)

Principios del juicio afirmativo. Se debe afirmar de una cosa con toda certeza, cuanto clara y distintamente veamos que está comprendido en ella.

No se puede afirmar de una cosa, sino en forma dubitativa, lo que no aparezca en ella a la mente que lo considera sino en forma confusa y oscura; o se debe suspender el juicio hasta que la mente vea con más claridad si está contenido efectivamente en la cosa.

Principios del juicio negativo. Hay que negar en forma absoluta de una cosa todo aquello que claramente se vea que le es contrario.

No se debe negar de una cosa en forma absoluta lo que no se vea que está comprendido en ella o que le repugna; en este caso se debe suspender el juicio hasta que aparezca con claridad a la mente la repugnancia o la conveniencia.

Hasta aquí hemos hablado del juicio y de las proposiciones. Pasemos ahora al raciocinio o discurso.

Tercera parte de la lógica. De lo atañedero a la tercera operación de la mente

Capítulo I. Naturaleza de la argumentación y principios de la misma

Se llama argumentación el discurso expresado mediante palabras, esto es, la oración que consta de varias proposiciones dispuestas y relacionadas entre sí en forma que una de ellas se deduzca de las otras.

Los tratadistas de Lógica distinguen tres elementos en toda argumentación: el antecedente, el consiguiente y la consecuencia.

Se llama antecedente el juicio del cual se infiere otro; y consiguiente el juicio que deducimos de otros. Consecuencia o ilación es la propia consecución del consiguiente, que se señala con la partícula luego[46] o por consiguiente.[47] La consecuencia no se dice nunca verdadera o falsa, sino buena o mala, porque el consiguiente puede ser verdadero sin que la consecuencia sea buena, y viceversa.

Cuando el antecedente es la causa o raíz del consiguiente, la argumentación se llama a priori. Cuando es el consiguiente el que es causa del antecedente, la argumentación se llama a posteriori. Y si el antecedente y el consiguiente están en conexión, pero ninguno de ellos es raíz del otro, la argumentación se llama ex concomitante.

Atendiendo ahora a la naturaleza del consiguiente, se divide la argumentación en afirmativa y negativa. Es afirmativa aquella cuyo consiguiente es una proposición afirmativa; y negativa aquella cuyo consiguiente es una proposición negativa. De aquí que sean diversos los principios de una y otra argumentación a tenor de la diversidad de estas mismas proposiciones.

46 luego; lat.: ergo.
47 Por consiguiente; lat.: igitur.

Principios de la argumentación afirmativa.

• Las cosas que convienen con una tercera convienen entre sí, o como dicen los escolásticos: dos cosas iguales a una tercera son iguales entre sí.

Cuanto se afirma de una idea universal tomada en toda su extensión, se puede afirmar de cada una de las cosas que están contenidas en ella. Los escolásticos llaman a este principio dici de omni.

Principios de la argumentación negativa.

• Si de dos cosas, una es igual a otra tercera y no lo es la otra, las dos primeras, evidentemente, no son iguales entre sí.

Lo que se niega de una idea universal tomada en toda su extensión, se niega de cada una de las contenidas en la extensión de la misma. Los escolásticos llaman a este principio dici de nullo.

La consecuencia es de dos clases: formal y material. La formal se funda en la misma forma o disposición del argumento, de manera que en cualquier materia concluya por razón de la propia forma. Y material, la que tan solo tiene valor por razón de la materia, de suerte que, si cambia, no es concluyente.

Para que sea legítima la consecuencia, obsérvense las reglas siguientes:

De lo verdadero se deduce siempre lo verdadero. Lo falso no se deduce sino de lo falso. De lo falso, no obstante, puede algunas veces deducirse lo verdadero.

Todo lo que se deduce del consiguiente se deduce también del antecedente.

Lo que repugna al consiguiente repugna al antecedente, y de la misma manera, de lo opuesto al consiguiente es legítima la consecuencia a lo opuesto al antecedente.

Capítulo II. Clases de argumentación

La primera es el ejemplo, en el cual la deducción se realiza de lo semejante a lo semejante, como El amor profano sedujo a David y a Salomón; luego te seducirá a ti también, si no eres enérgico con él. La segunda es la inducción o argumentación en que, de varias cosas singulares enumeradas correctamente, se deduce una proposición universal, como Pedro siente, Juan siente, Pablo siente, etc.; luego todo hombre siente. La tercera, el sorites, argumentación que consta de varias proposiciones dispuestas en tal forma, que el atributo de la precedente sea sujeto de la siguiente, hasta que se unan el sujeto de la primera con el predicado de la última. V. gr.: El prudente no se perturba; el que no se perturba no se entristece; el que no se entristece es feliz; luego el prudente es feliz. La cuarta es el dilema o argumentación bicorne, en la cual, de cada una de las partes de la proposición disyuntiva que le sirve de antecedente, consideradas sucesivamente, se deduce algo inconveniente, como El hombre o se somete a sus deseos o no se somete; si se somete, es desgraciado; si no se somete, ocurre lo mismo; luego el hombre es desgraciado. La quinta es el epiquerema, argumentación que envuelve en sí misma la prueba, como Toda sustancia espiritual, por carecer de partes en que pueda disolverse, es inmortal; ahora bien, el alma racional es una sustancia espiritual, toda vez que quiere y entiende; luego el alma racional es inmortal. Los lógicos emplean poco esta forma de argumentación, y lo mismo ocurre con la precedente. La sexta argumentación se llama entimema o silogismo imperfecto, y consta de solo dos proposiciones, una de las cuales se deduce de la otra, por lo que la primera se llama antecedente y la segunda consiguiente. Ejemplo: todo lo que se compone de elementos contrarios es corruptible; luego el cuerpo humano es corruptible. La séptima es el silogismo, que es la argumentación que consta de tres términos y de tres proposiciones dispuestas, de acuerdo con sus leyes, de forma que de dos premisas se deduzca una tercera proposición, como Todo hombre es racional; Antonio es hombre; luego Antonio es racional.

Los tres términos del silogismo se llaman extremo mayor, extremo menor y término medio.

El extremo mayor se encuentra de predicado en la conclusión y el menor, de sujeto.

Se llama extremo mayor el que se encuentra en la premisa mayor, y menor el que aparece en la premisa menor. Término medio es el que, uniendo los extremos en las premisas, no aparece nunca en la conclusión. Ejemplo: Todo RACIONAL es dócil; todo hombre es RACIONAL; luego todo hombre es dócil.

En este silogismo, los términos hombre y dócil, que encontramos en la conclusión, son los extremos; dócil está de predicado en la premisa mayor; hombre, de sujeto en la menor. Y racional, que no aparece en la conclusión, pero sí en las premisas, es el término medio.

En todo silogismo hay que distinguir la materia y la forma. La materia puede ser remota, los términos, o próxima, las proposiciones. Las proposiciones se forman con los términos y de las proposiciones se forma el silogismo; la primera de aquéllas se llama mayor, la segunda, menor, y la tercera, consiguiente[48] o conclusión.

Forma es la disposición artificial de la materia, y puede ser también de dos clases: la que se refiere a la materia remota se llama figura, la que se refiere a la próxima, modo. Figura es la disposición del término medio en las premisas con relación

---

48 consiguiente; lat.: «consequentia», por consequens.

a los extremos. Modo es la combinación de las proposiciones según su cantidad y su forma.

Atendiendo a la materia, el silogismo es además demostrativo, que consta de proposiciones verdaderas por necesidad; probable o tópico, que consta de proposiciones verdaderas solo probablemente; y sofístico, cuyas proposiciones son aparentemente verdaderas, pero en realidad falsas.

Deberíamos tratar aquí de las varias figuras y modos del silogismo[49] y de la reducción de los mismos, tal como lo enseñan los escolásticos; pero prescindo deliberadamente de todo ello por no ser necesario para argumentar correctamente y porque las reglas, inventadas en forma arbitraria por los escolásticos, son confusas y hasta formuladas con muchas palabras absolutamente bárbaras.

En su lugar expongo lo que se verá en el capítulo siguiente.

---

49 Los escolásticos han resumido las figuras del silogismo en el siguiente verso mnemotécnico:

Sub-prae, prima: sed altera, bis prae; tertia, bis sub.

Y los modos en los versos conocidísimos formados con las palabras:

Barbara celarente, Darii, ferio,
Celantes, dabitis, fapesmo, friseso (morum), etc.

en que las vocales indican la materia de cada una de las proposiciones del silogismo, según el convenio siguiente: A, universal afirmativa; E, univ. negat.; I part. afirmativa; O, part. negat.

Capítulo III. En el que se expone el principio universal del conocimiento y si es legítimo el silogismo, sin que se tengan en cuenta ninguna de las reglas conocidas

He aquí la célebre regla ideada por Arnaldo, el famoso autor del Arte de pensar: Para que la conclusión se deduzca correctamente, es necesario que esté contenida en alguna de las premisas y esto debe mostrarse en la otra, que se llama aplicada o indicada, al paso que la primera se llama continente. La razón es obvia.

Como quiera que la conclusión se deduce de las premisas como el efecto de su causa, es necesario que una de las premisas contenga a la conclusión. Y debiendo surgir este contenido con toda claridad de los términos mismos (de otra manera la conclusión no sería distinta de las premisas), la otra de las premisas debe expresarlo y como ponerlo de manifiesto.

En el silogismo afirmativo se debe considerar como proposición continente la más universal; y por exponente o indicada aquella a la que se atribuye menor extensión.[50] En los negativos, la proposición continente será siempre la premisa negativa, cualquiera que sea el lugar en que aparezca, porque la conclusión es una proposición negativa y porque la negación no puede estar contenida en una afirmación; la exponente será, a su vez, la afirmativa.

El Evangelio promete la salvación a los cristianos; algunos impíos son cristianos; luego el Evangelio promete la salvación a algunos impíos. Si examinamos las premisas de este silogismo, es evidente que la conclusión no está contenida en la mayor, aunque parezca por la menor que efectivamente se halla contenida en aquélla. Porque no a todos los cristianos

---

50 Párrafos reconstruidos en gran parte. (Vid. n. a text. lat.)

promete el Evangelio la salvación, sino solo a aquéllos que observan los mandamientos de Cristo, cosa que no hacen los impíos.

Todo hombre es animal; pero el caballo no es hombre; luego el caballo no es animal. Este[51] silogismo no es legítimo porque la conclusión no está contenida en una premisa negativa. El siguiente, por el contrario es perfecto: los que están dominados por la codicia son desgraciados; los avaros están dominados por la codicia; luego los avaros son desgraciados, porque la conclusión está contenida en la mayor como lo pone claramente de manifiesto la menor.

De lo dicho se deduce evidentemente que, cuando tengamos que demostrar una proposición, lo único que hace falta es buscar otra más conocida en que esté contenida aquella y luego dar con otra que ponga como ante los ojos que la una está contenida en la otra.

Para entender mejor las reglas de la argumentación que hemos expuesto, ténganse presentes los siguientes axiomas:

No se emplee el término medio dos veces con carácter particular en la argumentación sino una vez por lo menos con carácter universal.[52]

No se empleen los términos en la conclusión con extensión más universal que en las premisas.[53]

De dos proposiciones negativas no se deduce nada.[54]

Una proposición negativa no se puede demostrar por medio de dos afirmativas.[55]

La conclusión sigue la parte más débil, esto es, si una de las proposiciones es negativa, la conclusión será también ne-

---

51 Este, lat.: iste, con su valor en bajo lat.
52 Los escolásticos dicen: Aut semel aut iterum medius generaliter esto.
53 Amplius hoc quam prae-missae conclusio non vult.
54 Utraque si praemissa neget, nihil inde sequatur.
55 Ambae affirmantes nequeunt negantem.

gativa; si una es particular, será particular asimismo la conclusión.[56]

Todo lo que concluye en general, concluye en particular.[57]
De dos proposiciones particulares no se deduce nada.[58]
De lo imposible se puede deducir lo que se quiera.[59]
El argumento que prueba demasiado no prueba[60] nada.[61]

56 Peiorem sequitur semper conclusio partem.
57 Quod concludit generale concludit particulare.
58 Nihil sequitur geminis ex particularibus unquam.
59 Ex impossibile sequitur, etc.
60 Quod nimis probat nihil probat.
61 Nada, lat.: nullum.

Capítulo IV. Vicios de argumentación

Hay ciertos razonamientos falsos que se llaman vulgarmente sofismas o paralogismos.

El orden que nos hemos impuesto en este trabajo exige que veamos ahora cómo puede engañar la argumentación por razón de la materia.

Engaña, en primer lugar, por equivocación de algún nombre, como El gallo es un ave; El hombre francés es un «Gallus»;[62] luego el francés es un ave.

En segundo lugar engaña cuando se pasa del género a la especie, como Sempronio es un animal; pero el burro es un animal; luego Sempronio es un burro.

En tercer lugar, porque se ignora el cuadro general de la discusión, cuando por ejemplo se impugna una cosa distinta de la que está en la conclusión, o cuando se atribuye al adversario algo que él no afirma, o se desconoce el estado de la cuestión.

A este género de falacia[63] pertenece el cambio de medio, como si proponiéndonos probar, por ejemplo, que debemos amar a Dios porque es bueno, abandonáramos como medio el término bondad y tomáramos el de sabiduría.

En cuarto lugar, por petición de principio, cuando se da por cierto precisamente lo que debía ser probado: Es sofisma de esta clase el razonamiento con que se prueba lo ignorado por medio de lo igualmente ignorado, o lo incierto por lo incierto o por otra cosa más incierta aún.

La petición de principio se puede cometer bien de manera inmediata, cuando se pone la conclusión como razón, bien

---

62 Gallus, «galo», «francés», lat.: Gallus. Se conserva el latinismo porque no tendría sentido el ejemplo en otro caso.
63 falacia, supl.

de manera mediata, como cuando se aduce una falsedad manifiesta o meras palabras para probar una tesis.

En quinto lugar hay falacia[64] cuando no se da la causa como causa, v. gr.: Pedro disipó sus bienes en estudios que no le fueron de provecho alguno; luego no se debe perder tiempo en estudios.

En sexto lugar, por imperfecta enumeración de las partes. De esta forma razonará muy mal quien atribuya a toda la clase una falta cometida por unos cuantos alumnos.

En séptimo lugar, se engaña con falacia de accidente cuando juzgamos de la naturaleza de una cosa fundándonos en algo que le afecta accidentalmente. En este sentido se atribuyen a la medicina todos los males que provienen de equivocaciones de los charlatanes.

En octavo lugar, cuando se argumenta de secundum quid a simpliciter,[65] como El etíope es blanco de dientes; luego es blanco.

En noveno lugar, por equiparación inadecuada, cuando del hecho de que dos cosas[66] tengan uno o dos predicados comunes, deducimos que la una es igual a la otra.

En décimo lugar, por último, cuando impugnamos una proposición haciendo burla del autor que la defiende.[67]

Y baste con lo dicho acerca de la tercera operación.

---

64 hay falacia, supl.
65 Secundum quid, «en un aspecto determinado». Simpliciter, «pura y simplemente».
66 dos cosas. lat.: duae res, conj. rot.
67 que la defiende; lat.: quam defendit, conj. rot.

Última parte de la lógica. El método

Siendo el método una especie de modo de proceder ordenadamente en el conocimiento de la verdad, debemos distinguir ante todo tres clases de verdad: metafísica, moral y lógica.

Se dice verdad metafísica a la conformidad de la esencia de una cosa, bien existente, bien posible, con la idea arquetipa que Dios tiene de la misma. Verdad moral es la conveniencia de las palabras y de los signos externos con lo que piensa el espíritu. Verdad lógica, que es de la que tratamos aquí, es la conveniencia de nuestras ideas con su objeto.

Hay dos clases de método: el lógico-analítico o de investigación y el lógico-sintético o de transmisión de conocimientos.

Capítulo I. El método lógico-analítico

Método lógico-analítico o de investigación es el arte de ordenar nuestros pensamientos de manera que, dentro de los límites de la condición humana, lleguemos a descubrir una verdad que nos es desconocida. Se llama analítico, esto es de resolución, porque para encontrar la verdad resuelve las cuestiones en sus principios, busca los efectos en sus causas, divide el todo en sus partes, etc.

He aquí las reglas que conviene seguir en la investigación de la verdad:

Se debe determinar, en primer lugar, con toda precisión y claridad el objeto a que se va a encaminar nuestra investigación.

Entiéndase bien la cuestión y formúlese con exactitud y con la mayor sencillez posible, esto es, elimínese de ella todo lo que no haga al caso.

Divídase en cuanto sea posible el género en sus especies y sepárese lo que sea diferente.

Debemos comparar lo que nos es conocido en la cuestión con lo que nos es desconocido: y, si de aquí surge alguna verdad, insístase con diligencia hasta que lleguemos a la que buscamos.

En la investigación, y mientras[68] no demos con la verdad, debemos proceder gradualmente de lo fácil a lo más difícil; repítase el examen de la cuestión, y si lo emprendemos de nuevo, no se proclame la cosa como falsa o poco probable, cuando no la comprendemos a no ser que queramos ponernos en el ridículo[69] de pretender dejar nuestra mente vacía de toda verdad y de toda falsedad.

68 mientras, etc., conj. rot.
69 ponernos en el ridículo, conj. rot.

Capítulo II. El método lógico-sintético o de trasmitir los conocimientos

Una vez que se ha investigado y se ha llegado a la verdad por el método analítico, se expone a los demás siguiendo el método sintético: esto es lo que se llama síntesis. El hecho de demostrar tiene tal virtud de estimular a los demás a raciocinar, que aquel con quien se discute no puede seria y sinceramente dejar de prestar su asentimiento. Para lograr de manera segura el convencimiento de los demás, se deben observar las siguientes cuatro reglas:

Empléense términos claros y rectamente explicados y definidos. Una vez definida una palabra, debe cuidarse de no emplearla por negligencia, en el transcurso de la argumentación, con sentido distinto. Evítense las digresiones y dispóngase todo con orden. Toda proposición de la cual se va a inferir algo como consecuencia, debe ser o evidente por sí o deducida como consecuencia necesaria de otras premisas.

Capítulo III. El método de estudio

Llamo método de estudio al que debe presidir nuestros estudios para extraer por nosotros mismos, de la lectura de los libros, la disciplina que investigamos. Yo estimo realmente que por falta de un buen método, muchos hombres agudos aprovechan poco en sus estudios, no obstante dedicarles bastante tiempo.

He aquí las reglas con cuya aplicación se extrae el fruto de la lectura de un libro.

No se debe emprender ningún estudio sino después de haber purgado la mente de los prejuicios temerarios que hayamos adquirido, a través bien de lecturas de malos libros, bien del trato con gentes vulgares. Debemos escoger un buen autor. Léase mucho, pero no muchas cosas. No pasemos de una cuestión a otra sino después de haber comprendido bien la primera. No se debe prescindir de nada, ni aun de aquello que nos parezca de poca importancia.[70]

No se deben desperdiciar las ocasiones de tratar los asuntos[71] con otras personas para comprender con claridad lo que se sepa de cada uno. No se debe prescindir de los autores que sostienen tesis contrarias a la nuestra hasta haber comprendido perfectamente el sistema de aquél a cuyo estudio nos hayamos aplicado. Conviene, por último, consultar una y otra vez los conocimientos que hayamos adquirido en nuestro estudio, con personas doctas.[72]

---

70 Párrafo reconstruido en parte por conj. (Vid. n. a tex. lat.)
71 tratar los asuntos, conj.
72 Párrafos reconstruidos en parte por conj. (Vid. n. a text. lat.)

Capítulo IV. El método de discusión

Toda discusión se desarrolla entre dos personas, una de las cuales se suele llamar mantenedor, el que defiende la conclusión, al paso que la otra la combate, por lo que se llama oponente.

Hay, además, el que asume el partido del mantenedor y se llama presidente.

Expondré a continuación brevemente lo que debe hacer cada uno de los disputantes para proceder con corrección y que no se conviertan en disputadores[73] desagradables.

Consejos comunes a todos los disputantes. El que vaya a discutir debe ir con el ánimo lleno de liberalidad; debe precaverse de la ira, de la mordacidad y de los chistes envenenados; debe comprender plenamente el asunto que se va a discutir; los adversarios deben defender sus proposiciones hasta donde se pueda realmente hacer sin obstinación contumaz.

Consejos para el oponente. Antes de entrar en su oposición, el oponente debe interesar del mantenedor explicación de los términos, para evitar logomaquias; debe oponerse a la tesis con un silogismo cuya conclusión sea la contradictoria de aquélla. Váyanse demostrando las premisas con nuevos silogismos hasta llegar a uno cuyas dos premisas conceda el respondente.

Consejos para el mantenedor. El mantenedor debe recoger el silogismo propuesto por el oponente; repetir las premisas; advertir en relación con cada una, si la concede, la niega o la deja pasar provisionalmente, empleando las fórmulas siguientes: Concedo la mayor, Niego la menor, Pase

---

73 disputadores; lat.: disputatores, por conservar el sentido peyorativo de la palabra.

la mayor. Si en un aspecto concede una premisa y en otro la niega, debe hacer uso de la distinción y emplearla para argumentar.

Pero hasta ahora no hemos hablado sino de los preceptos de la Lógica. Pasemos ahora a las cuestiones.

Cuestiones que se suelen plantear acerca de la filosofía y de la lógica en sí mismas

Disertación primera. La Filosofía en general

Artículo I. ¿Existe la filosofía?

Sí existe la Filosofía.

Prueba: Filosofía es el conocimiento cierto y evidente de las cosas por sus causas más altas. Ahora bien, conocemos muchas cosas con certeza y con evidencia por sus causas más altas. Luego sí existe la verdadera Filosofía. Pruébase la menor: El conocimiento deducido de manera evidente de principios conocidos con evidencia, es conocimiento cierto y evidente. Mas, conocemos gran número de principios y de éstos se deducen otros muchos de manera evidente; luego conocemos muchas cosas de manera cierta y evidente.

Aclaración de la menor. En Lógica conocemos con evidencia el siguiente principio: dos cosas iguales a una tercera son iguales entre sí, del que se deducen las reglas de la argumentación; en Metafísica: Una cosa no puede ser y no ser al mismo tiempo, de donde se deducen muchos principios relativos al ente común. Y lo mismo ocurre en las restantes partes de la Filosofía. Luego conocemos muchos principios y de éstos, etc.

Resolución de objeciones. Se puede objetar: Todo nuestro conocimiento es incierto y oscuro; pero si esto es así, no existe la verdadera Filosofía; luego no existe la verdadera Filosofía. Pruebo la mayor: Nuestro conocimiento depende enteramente de los sentidos; pero los sentidos se engañan y nos engañan; luego nuestro conocimiento es todo incierto y oscuro.

Distingo la mayor: Nuestro conocimiento depende enteramente de los sentidos, como de cierto prerrequisito que excita el conocimiento, concedo; como de reglas de nuestro conocimiento, niego.

Y distingo asimismo la menor: Los sentidos se engañan y nos engañan por sí y por su misma naturaleza, niego. Por accidente, porque a veces no son suficientemente agudos o no están bien preparados, concedo. En efecto, los sentidos perciben las cosas sensibles, y tal como las perciben las muestran al espíritu, sin discernir si son o no en sí mismas como las muestran: esto es misión de la razón. Pero en la Metafísica trataremos ampliamente de esta forma de razonamiento[74] que depende de los sentidos.

Se objetará: en toda la Filosofía abundan opiniones contrarias. Luego no hay nada cierto...[75]

Respondo diciendo que el argumento no prueba sino que la Filosofía es imperfecta en el hombre, pero en ningún modo inexistente. Hay, en efecto, muchas cosas en que todos convienen y muchas que no comprendemos, de donde nace la conocida sentencia: El arte es duradero y la vida breve, la ocasión es imprudente, la experiencia engañosa y el juicio difícil.

Artículo II. ¿Qué es la filosofía?

La pregunta ¿qué es? es posterior, según el Doctor Angélico, a la de ¿existe? Una vez, pues, demostrada la existencia de la Filosofía, corresponde hablar de la esencia de la misma.

La Filosofía se define diciendo que es el conocimiento cierto y evidente de las cosas por sus causas más altas, logrado por medio de la sola luz natural.

---

74 Forma de razonamiento, lat.: forma ratiocinationis, conj.
75 ... rot. (Vid. n. a text. lat)

Prueba: Por la palabra Filosofía se entiende la sabiduría natural; pero la sabiduría natural es el conocimiento natural, cierto y evidente de todas las cosas, por sus causas más altas, logrado por medio de la sola luz natural. Luego esta definición de la Filosofía es legítima.

Prueba de la menor: Decimos que la sabiduría es conocimiento, porque se trata de una especie de conocimiento; lo llamo cierto y evidente para distinguirlo del error, que es el conocimiento falso; de la opinión, que es el conocimiento dudoso e incierto; y de la fe, que es el conocimiento no evidente. Digo por sus causas más altas, para distinguirlo de la ciencia en su sentido corriente, y se añade, logrado por medio de la sola luz natural, para distinguirlo de la Teología. Luego la sabiduría natural es el conocimiento de todas las cosas, etc.

Objeciones: Primera: La Filosofía abarca en su mayor parte cosas falsas, oscuras y dudosas. Luego no es el conocimiento cierto y evidente. Distingo el antecedente: La Filosofía abarca en su mayor parte cosas falsas, oscuras y dudosas, como objetos propios a los que hay que prestar asentimiento, niego; como objetos extraños sobre que juzga, concedo. Pertenecen a la Filosofía solo las cosas que se desprenden de manera cierta y evidente de principios conocidos y de proposiciones demostradas.

Segunda: La Filosofía se ocupa del conocimiento de Dios; pero Dios no tiene causa; luego la Filosofía no es el conocimiento por las causas más altas. Distingo la menor: Dios no tiene causa de que dependa, concedo; por donde se le pueda conocer, niego. En efecto, la Filosofía conoce a Dios por sus criaturas y por principios conocidos naturalmente, como causas del conocimiento que tiene de él.

Artículo III. División de la filosofía
Establezcamos antes la división de la ciencia natural. La ciencia natural se divide en racional o lógica y real. La real se divide en Metafísica, Física (en que se incluye la Medicina: de donde la sentencia de donde acaba el físico comienza el médico), Moral y Ciencias Matemáticas. Se llaman Matemáticas puras las que tratan de la cantidad separada de la materia; y mixtas, las que consideran la cantidad concreta y sensible.

Son puras la Geometría, que estudia la cantidad continua, y la Aritmética, que se refiere a los números. Son mixtas, la Música, que considera el ritmo en los sonidos; la Astronomía, que mide la cantidad y el movimiento de los cuerpos celestes; la Geometría llamada especial, que mide la tierra; la Óptica, que estudia los rayos visuales, y la Mecánica, que examina las fuerzas y las leyes de las máquinas.

Conclusión: la Filosofía se divide adecuadamente en
Lógica, Metafísica, Física y Ética

Demostración: Filosofía es el conocimiento cierto y evidente por las causas más altas, logrado por medio de la sola luz natural; pero entre las ciencias naturales solo estas cuatro tienen por objeto los primeros principios de las cosas; luego la Filosofía se divide adecuadamente en Lógica, etc.

Explicación de la menor: La Lógica investiga los principios más altos del raciocinio; la Metafísica se ocupa de las cosas más altas, Dios y las almas; la Física estudia el movimiento y el origen remoto de la naturaleza; la Moral examina las acciones del hombre y sus causas y fines más altos. Luego entre las ciencias naturales solo estas cuatro, etc.

Confirmación de la conclusión: la Filosofía se refiere o a las cosas que están en el alma, o a las que están fuera del alma. Si lo primero, o se refiere a las operaciones del espíritu, y es la Lógica, o a las acciones del hombre y es la Moral. Si lo segundo, o se refiere a las cosas separadas de toda materia, y es la Metafísica, o a las cosas sumidas en la materia y es la Física. Luego la Filosofía se divide adecuadamente en Lógica, Física, Metafísica y Ética.

Se puede objetar: Una sola forma no se puede dividir correctamente en varias partes; pero la Filosofía es en cierto modo una sola forma. Luego no se puede dividir correctamente en cuatro partes. Distingo la mayor: Una sola forma simple, concedo; una sola forma compuesta, niego. La Filosofía, en su totalidad, es una forma compuesta de distintos conocimientos particulares, de los cuales unos constituyen la Lógica, otros la Metafísica, etc.

Se argüirá de nuevo: Pero la Filosofía es una sola forma simple; luego estamos en el mismo caso. Prueba: Donde no hay sino un solo objeto formal, a saber, la conocibilidad natural de las cosas, no hay sino una sola forma simple; luego, no hay más que una forma simple.

Pero conviene que haga algunas advertencias para que se comprenda este argumento y su solución. El objeto de las ciencias es de tres clases: uno material, esto es, la materia sobre que versa la ciencia y a que se refieren todos los preceptos de la misma; otro formal, que consiste en la manera de llegar la ciencia a su objeto, o sea la formalidad o la razón que se enfoca del mismo. Según esto, el objeto material de la Filosofía lo constituyen todas las cosas naturalmente conocibles; el formal, por el contrario, la conocibilidad de las mismas.

Otro se llama objeto total, adecuado o de atribución, esto es, el que resulta del material y del formal. Así, el objeto de atribución de la Filosofía son todas las cosas naturales. Entre la ciencia y el objeto media algo gracias a lo cual se alcanza el objeto, como entre la Filosofía y las cosas naturales median los principios por los cuales conocemos aquellas mismas cosas. Este medio se llama razón bajo la cual.

Así, el objeto formal de la Filosofía es genérico y común a todas sus partes; poco más o menos como la animalidad es común a los hombres y a los animales...[76] preexistentes. Distingo la mayor: Hay una sola forma simple donde hay un solo objeto formal y específico, concedo; genérico, niego.

Y todavía se argüirá: La memoria es también una facultad del alma; luego, por lo que a ella se refiere, tenemos que admitir que se la puede incluir en la Filosofía. Distingo el antecedente: La memoria es una facultad activa del alma, susceptible de ser sometida a reglas, niego; es una facultad pasiva y receptiva, no susceptible de ser sometida a reglas, concedo.[77]

Tengamos en cuenta que estas partes en que hemos dividido la Filosofía son partes integrantes, si se considera la Filosofía como el conjunto de todas las facultades necesarias para vivir rectamente; pero si se la considera como la sabiduría en general, aquellas partes serán específicas.

Artículo IV. Origen y causa eficiente de la Filosofía
Para que resulte más clara la cuestión es necesario saber qué causa eficiente es aquella que produce una cosa. Puede ser primera, la que la produce primeramente; y segunda, la que

76 ... rot. (Vid. n. a text. lat.)
77 Párrafo reconstruido en parte por falta de text. lat. (Vid. n. a text. lat.)

o bien restaura una cosa ya producida y destruida, o bien la extiende, acrecentándola.

DE AQUÍ LA PRIMERA CONCLUSIÓN: La causa eficiente primera de la Filosofía es Dios, que la infundió al primer hombre.

Se prueba con el XVII del Eclesiástico,[78] donde se dice de nuestros primeros padres: Les dio Dios la voluntad de pensar y los llenó de la disciplina del entendimiento (Lógica); les infundió la ciencia del espíritu (Metafísica); llenó de sentido su corazón (Física); y les mostró el mal (Ética).

Y se prueba además por la razón: Dios creó a Adán perfecto dotándolo de alma y de cuerpo; pero no hubiese sido perfecto en cuanto al alma si no hubiese estado dotado de la Filosofía, que constituye una de las mayores perfecciones del espíritu humano; luego, del mismo modo que desde un principio fue creado perfecto en cuanto al cuerpo para poder procrear hijos, ocurrió otro tanto en lo que se refiere al espíritu mediante la Filosofía y otras ciencias útiles al hombre, para que pudiera gobernarlos.

Se opondrá, primero: Todo pecador es ignorante; ahora bien, Adán pecó; luego era ignorante; luego no tenía Filosofía. Distingo la mayor: Todo pecador es ignorante habitualmente y siempre, niego; lo es de hecho, concedo, puesto que lo es porque no emplea en una ocasión y en un momento determinados su ciencia; así Adán pecó, no porque no tuviera ciencia, sino porque no hizo uso de ella cuando su voluntad se vio arrastrada por el objeto del pecado.

Y segundo: Ningún filósofo ha podido pensar que la serpiente hubiese hablado; pero Adán, según la narración bíblica, pensó que la serpiente había hablado; luego no tenía Fi-

---

78 Eclesiástico, XVII.

losofía. Distingo la mayor: Ningún filósofo ha pensado que la serpiente hubiese hablado, por su propia naturaleza, concedo; como instrumento de una naturaleza superior, niego. Adán y Eva creyeron en efecto que por boca de la serpiente hablaba algún ser superior; y en esto no se engañaron, sino en haber dado crédito a lo que dijo.

Tercero: Leemos en el Génesis que después del pecado se abrieron los ojos de Adán y de Eva, esto es, adquirieron el conocimiento de que carecían; luego antes eran ignorantes. Distingo el antecedente: Se les abrieron los ojos en cuanto a los conocimientos naturales o filosóficos, niego; en cuanto al conocimiento experimental de la rebelión del cuerpo contra el espíritu, concedo. La Escritura habla de excitaciones de la concupiscencia, que no habían experimentado antes Adán y Eva.

La Filosofía se fue apagando poco a poco durante muchos años y fue restaurada por los hombres, que son así su causa eficiente secundaria. Demostración: La Filosofía de Adán siguió fluyendo, como de una fuente perenne hacia su descendencia; mas, poco a poco decayó por negligencia de los hombres, cultivándola algunos varones singulares en diversas épocas, como queda explicado en el aparato filosófico; luego los hombres, mediante su razonamiento, son la causa secundaria de la Filosofía, tanto cuando investigan con su propio esfuerzo, como cuando aprenden algo de otros.

Artículo V. Otras causas de la Filosofía

Debe tenerse en cuenta que causa eficiente es aquella por la cual existe la cosa; la material, de qué, la formal, por qué, y la final para qué. La material es de tres clases: de que, en que y acerca de que. La primera es aquello de lo cual se hace algo; la segunda es el sujeto en que está contenido algo; la tercera, el objeto acerca del cual trata la ciencia.

La Filosofía no tiene causa material sino que el entendimiento es el sujeto en que está contenida.

Se prueba la primera parte: El hábito puramente espiritual y que reside en una facultad puramente espiritual no tiene materia de que, porque lo espiritual difiere esencialmente de lo material; ahora bien, la Filosofía es un hábito puramente espiritual que reside en una facultad puramente espiritual luego no tiene, etc. Pruebo la segunda parte: La potencia que es capaz de discurso y de conocimiento científico, es susceptible de recibir la Filosofía; el entendimiento es capaz de discurso y de conocimiento científico; luego es sujeto en que puede ser recibida la Filosofía.

CONCLUSIÓN SEGUNDA: El objeto material de la Filosofía está constituido por las cosas todas, tanto divinas como humanas, conocibles de manera natural; el formal en cambio lo constituye la propia conocibilidad de aquellas cosas por sus causas más altas.

Pruebo la primera parte: El objeto material de la Filosofía es aquello sobre que versa; pero la Filosofía versa sobre todas las cosas, tanto divinas como humanas, conocibles de manera natural; luego el objeto material de la Filosofía está constituido por las cosas todas, etc.

Demostraremos ahora la segunda parte: El objeto formal de la Filosofía es aquella razón formal de que la Filosofía verse sobre todas las cosas, a tenor de lo que queda expuesto anteriormente en el artículo tercero; pero la conocibilidad de las cosas por sus primeras causas es aquella razón formal de que la Filosofía verse sobre todas las cosas, tanto divinas como humanas; luego el objeto formal de la Filosofía es la conocibilidad o comprensibilidad de las cosas por sus primeras causas.

Se podrá argüir en contra, primero: Dios y sus obras principales son el objeto de la Teología; luego no son objeto de la Filosofía. Distingo el antecedente: Dios es el objeto de la Teología en cuanto es conocible mediante el razonamiento natural, niego; mediante razonamientos basados en la revelación, concedo. En efecto, es el objeto de la Filosofía en cuanto se le puede conocer por medios naturales, esto es, como causa primera y autor de la naturaleza; en cuanto autor de la gracia, es objeto de la Teología.

CONCLUSIÓN TERCERA: Obsérvese ante todo que fin es aquello para que se hace algo. Es de dos clases: el fin que o por qué, aquello que se quiere alcanzar; y el fin para quien, esto es, la persona a quien aquél está destinado. El fin que puede ser, a su vez, próximo, lo que se persigue de manera inmediata; y remoto, al que se llega por medio del primero.

Así tendremos que el fin para quien de la Filosofía es el hombre; el fin que próximo es el conocimiento de la verdad y la práctica de la virtud; el fin remoto, la felicidad natural; el fin último es Dios.

Pruebo la primera parte: Toda la Filosofía se encamina al provecho del hombre; luego éste es el fin para quien de aquélla. Pruebo la segunda parte: el fin que próximo es el bien a que se tiende en Filosofía; pero filosofamos para conocer la verdad y para vivir honradamente; luego el fin que próximo de la Filosofía es el conocimiento de la verdad y la práctica de la virtud. La prueba de esta parte facilita[79] la de las otras.

Pruebo la tercera parte: La felicidad natural consiste en la unión perfecta del hombre con Dios, conocido y amado

---

79 La prueba de esta parte facilita, conj. rot.

en cuanto puede serlo de manera natural; pero la Filosofía y las demás ciencias dirigen el espíritu del hombre de manera que lo induzcan al conocimiento y al amor de Dios; luego, la felicidad natural es el fin remoto. Y ahora pruebo finalmente la cuarta parte: como quiera que toda Filosofía se encamina en último término a Dios, éste es indudablemente el fin último de aquélla.

Se puede replicar: Dice el Apóstol que no tienen excusa los filósofos porque conocen a Dios por medio de la Filosofía; luego ésta, lejos de hacer felices a los hombres, aumenta su desgracia. Distingo el consiguiente: la Filosofía aumenta la desgracia de los hombres por sí, niego; por accidente y a causa de una inclinación viciosa de los mismos, concedo. La Filosofía nos muestra suficientemente el bien y reprueba el mal. Si el hombre, imbuido en su luz, obra mal (y en este caso no tiene excusa puesto que no puede alegar ignorancia), la malicia es exclusivamente suya.

Contra la última: Muchos se dedican a la Filosofía por vanagloria, por ser bien vistos, etc., lo cual desvía al hombre de Dios. Luego Dios no es el fin último de la Filosofía. Distingo el consiguiente: Luego Dios no es el fin de la Filosofía, esto es, no es el fin de la operación, niego; no es a veces el fin del filósofo operante, pase. La Filosofía se encamina por sí a Dios, mas los que se aplican a ella descuidan con frecuencia este fin.

Artículo VI. Naturaleza de la Filosofía
Trataremos aquí únicamente de la necesidad y de la utilidad de la Filosofía; por lo cual señalamos dos maneras de ser necesaria una cosa: una absoluta, de medio o simple; es decir, aquello sin lo cual no se puede lograr la cosa, como el alimento para la vida; otra condicionada o de utilidad o

secundum quid, según la cual se dice que algo es necesario para poder lograr una cosa con menor dificultad; en este sentido son necesarios el caballo y el dinero al viajero.

Debemos advertir igualmente desde ahora que se puede considerar al hombre de tres maneras: en sentido privado, en cuanto es hombre; políticamente, como ciudadano de un estado, y en sentido cristiano, como fiel de la Iglesia. En las conclusiones que siguen expondremos cuán necesaria es la Filosofía al hombre, considerado bajo cada uno de estos tres aspectos.

CONCLUSIÓN PRIMERA: La Filosofía es necesaria con necesidad de medio[80] para completar la perfección natural del hombre.

Prueba: El hombre, para ser perfectamente completo en el orden natural, debe adornar su entendimiento con verdades y su voluntad de buenas costumbres; pero el hombre no puede lograr esto de manera cabal sin la Filosofía, que distingue la verdad de la mentira y lo bueno de lo malo; luego la Filosofía es necesaria[81] con necesidad de medio para completar, etc.

Pero se dirá: En la Escritura se llama a la Filosofía aflicción del espíritu y ocupación muy mala. Se lee asimismo: el que añade ciencia añade dolor y la ciencia volvió fatuos a todos los hombres; luego la Filosofía es nociva al hombre y no completa, por consiguiente, su perfección.

Explico los testimonios sagrados: El estudio de la ciencia es extraordinariamente agradable en sí; pero se la llama

---

80 Con necesidad de medio, lat.: necessitate medii, conj. rot.
81 Luego la Filosofía es necesaria, lat.: ergo, Philosophia est necessaria, conj. (Vid. n. a text. lat.)

aflicción del espíritu porque al descubrir las miserias humanas hace que nos entristezcamos y nos aflijamos por ellas.

Se llama a la ciencia o estudio de las cosas ocupación muy mala en el sentido de trabajosa y difícil, porque aunque los frutos de la ciencia son muy agradables, tiene raíces amargas. En cuanto a las palabras la ciencia volvió fatuos a todos los hombres, respondo que Jeremías (cuyas son tales palabras) habla por comparación a la ciencia divina, en relación con la cual es tan pequeña nuestra ciencia en su conjunto, que se la puede tener por inexistente.

CONCLUSIÓN SEGUNDA: la Filosofía es muy útil al hombre en cuanto miembro del Estado.
Es evidente: El hombre, o gobierna la nación, o está a su servicio dedicado a la Jurisprudencia, a la Medicina, a las Armas o a alguna otra profesión. Pero la Filosofía es muy útil al ciudadano considerado bajo cualquiera de estos aspectos; por consiguiente la Filosofía es muy útil, etc.

Pruebo las distintas partes de la menor: Corresponde a los príncipes y a los magistrados establecer el orden en el pueblo; pero el establecer el orden es ocupación propia de sabios y la Filosofía es la sabiduría; luego aquéllos deben ser sabios en grado superior al de los demás ciudadanos.

Esto es evidente también en cuanto a la Medicina, por estar subordinada a la Física, así como en lo tocante a la Jurisprudencia, que es parte de la Ética. Del Arte Militar indica lo mismo la Escritura cuando dice: En la guerra vale más la ciencia que la fuerza; y es mejor el sabio que el fuerte. En una palabra, Cicerón nos dice[82] que la Filosofía fue el origen y el fundamento de todas las disciplinas; luego, la

---

82 En una palabra: Cicerón nos dice; traducción dudosa por defecto del tex. lat. (Vid. n. a tex. lat)

Filosofía es muy útil al hombre como miembro del Estado o considerado en su aspecto político.

CONCLUSIÓN TERCERA: La Filosofía es también muy útil a los hombres[83] para defender la Religión.

Demostración: La misma Escritura emplea con frecuencia argumentos[84] filosóficos; los Santos Padres ponderan muchas veces la utilidad de la Filosofía para la defensa[85] de la fe; muchos doctores de la Iglesia descollaron en las Ciencias Naturales; los mismos Concilios apoyan sus decisiones[86] en argumentos filosóficos.[87]

Por último: Gracias a la Filosofía son atraídos a la fe con más facilidad los infieles instruidos. Sin la Filosofía, mal se pueden desenmascarar los sofismas de los herejes. Las sagradas enseñanzas son más agradables cuando las vemos confirmadas por el conocimiento humano. La Teología es necesaria para la conservación de la fe; pero la Filosofía es una preparación a la Teología, y por ello lo es también para la fe; luego es muy útil al hombre considerado como fiel de la Iglesia, etc.

Se objetará: San Pablo advierte a los fieles, en la segunda Epístola a los Colosenses, que se guarden de la Filosofía como de una seductora. Luego no es útil al cristiano. Respondo que San Pablo habla, no de la verdadera Filosofía cristiana, sino de la frívola, sofística y plagada de errores contrarios a la fe. La misma interpretación se ha de dar a los

---

83 hombres, lat.: hominibus, conj. rot.
84 Emplea con frecuencia argumentos, lat.: utitur argumentis, conj. rot.
85 defensa; lat.: defensionem, conj. rot.
86 decisiones; lat.: conclusiones, conj. rot.
87 filosóficos lat.: philosophicis, conj. rot.

Santos Padres cuando desaprueban la Filosofía por engañadora de cándidos y creadora de supercherías.

> Artículo VII. Sobre si conviene más al filósofo seguir una sola escuela y a un solo maestro en cuya autoridad se apoye, que estudiarlos todos seleccionando lo que haya dicho cada uno de verdad o por lo menos de más verosímil, dando modestamente de lado a lo demás

CONCLUSIÓN ÚNICA: Es más conveniente al filósofo, incluso al cristiano, seguir varias escuelas a voluntad, que elegir una sola a que adscribirse.

Se prueba primero, con un texto de San Agustín refiriéndose a la Teología, pero que se puede aplicar a nuestro objeto:

No vacilemos en emplear, no uno sino todos los argumentos que podamos encontrar, porque tanto más firmemente convenceremos a los herejes, cuanto con más salidas contemos para escapar a sus trampas. Luego también está permitido al filósofo cristiano extraer argumentos de todos los sistemas filosóficos. Se prueba también por la razón: elegir una sola escuela con preferencia a las otras nos priva de libertad para filosofar porque el cariño a la escuela y a su maestro nos oscurece el juicio[88] y pone obstáculos en el camino del logro de la verdad.

Oigamos a Séneca: Tened siempre en cuenta esta sola sentencia: no encomiendes esto a la curia sino hazlo tú mismo. Y Cicerón: Ninguna escuela ha sido tan falsa que no haya tenido algo de verdadero; ningún error, por el contrario, tan

---

88 nos oscurece el juicio, or.: tenebras efficit, conj. rot.

tenaz, que no se pueda decir que tiene algo de verdad. Luego es más conveniente, etc.[89]

Agregaré algunas sentencias de Santo Tomás para que vean hasta los propios aristotélicos cuánto nos conviene seleccionar de todos los filósofos, incluso de los paganos.

En la primera parte de la Summa Theologica, cuestión 84.ª, artículo 5.º, dice expresamente que en las cosas que no atañen a la fe es lícito seguir a cualquier filósofo sin adherirse a uno determinado... puesto que Basilio y Agustín y muchos santos siguen la opinión de Platón en cuestiones filosóficas que no afectan a la fe.

En el tercero de los Quatlibetorum, cuestión 4.ª, artículo 1.º, dice que cada cual puede, a su arbitrio, opinar como quiera, para que sea un hecho lo que dice San Pablo a los Romanos: Sea cada uno rico de sus opiniones. En otra parte dice: Por lo que a esto se refiere (las opiniones de los filósofos), no debemos preocuparnos mucho porque el estudio de la Filosofía no tiene por objeto conocer el pensamiento de los hombres, sino cuál es la verdad de las cosas.

Se puede objetar: Cada ciencia alcanza su máxima perfección con la unidad de los principios; luego conviene más al filósofo adscribirse a una sola escuela.

Distingo el antecedente: Con la unidad de principios, propia y absoluta, concedo; relativa, niego. Los principios deben ser unos y verdaderos en sentido absoluto y en sí mismos; mas no tienen que ser unos en sentido relativo, sino tomados de todas las escuelas a voluntad, siempre que no sean contradictorios entre sí.

Se objetará: el navío en el mar peligra, si se ve azotado por vientos de dos direcciones; el perro que persigue a dos liebres no caza ni la una ni la otra; luego, con la mezcolanza

---

[89] Párrafo reconstruido por conj. (Vid. n. a text. lat.)

de principios distintos no se forma el espíritu sino que se le deforma. Distingo el consiguiente: Si los principios son distintos, no solo por razón de la escuela, sino también en sí mismos, concedo; si, por el contrario, aunque de distinta escuela, tienen conexión entre sí, niego.

Se puede afirmar que es conveniente el conocimiento hasta de los principios que son contrarios entre sí, puesto que, aunque «la religión católica —como dice San Agustín— es una sola y deba defenderse con razones adecuadas, es necesario, no obstante, conocer los dogmas de las otras religiones que nos oponen los herejes, para mejor defender la verdad de la doctrina católica contra los sofismas de las demás, al mismo tiempo que se demuestra la falsedad de éstas». Otro tanto se puede decir de la Filosofía.[90]

Artículo último. Sobre si le está permitido al
filósofo filosofar desdeñando la autoridad sagrada
Respondo negativamente porque la verdad no es sino una y simple por ser su autor el propio Dios; pero la verdad no se puede oponer a la verdad; luego, si alguna sentencia filosófica se encuentra en contradicción manifiesta con una verdad revelada por autoridad sagrada, la primera es indudablemente falsa porque la Filosofía, como la razón humana, debe estar subordinada a la autoridad sagrada como a un juez que la corrija.

Se objetará: Si ello es así, por este solo hecho queda anulada toda libertad de discurso; pero esto va contra nuestra conclusión anterior; luego es lícito al filósofo filosofar incluso prescindiendo de la autoridad sagrada. Niego la mayor porque la libertad de filosofar no se da para admitir los errores sino que tiene sus límites y, dependiendo de la razón

---

90 Párrafo reconstruido por conj. (Vid. n. a text. lat.)

humana, que es falible, debe conocerse a sí misma y acatar con reverencia la altísima autoridad sagrada.

Disertación II. De La Lógica en sí

Cuestión I. Primera parte de la Lógica

Artículo único. Sobre si la idea puede ser falsa

La verdad lógica, llamada también de conocimiento, consiste según queda dicho, en la conveniencia de nuestras ideas con su objeto. De donde resulta que, sea cual fuere la idea, su verdad consiste solamente en la conformidad con la cosa representada, y no en la afirmación o la negación. En el juicio, por el contrario, la verdad, llamada de composición, está precisamente en la afirmación y la negación. La verdad lógica se llama también verdad de representación.

SENTADO LO ANTERIOR DIGO: La idea, tanto simple como la compleja, puede ser verdadera.

Prueba: Se dice que una idea es verdadera cuando corresponde a su objeto; pero la percepción, sea simple o compleja, puede estar conforme con su objeto; luego puede ser verdadera. Pruebo la menor: la percepción de un monte, que es una percepción simple, y la de un monte escarpado, que es compuesta, pueden estar conformes con su objeto, como todos sabemos; luego, tanto la percepción simple como la compleja, etc.

DIGO EN SEGUNDO LUGAR: De esta misma percepción no se puede decir nunca, hablando con propiedad, que sea falsa.

Prueba: Debería llamarse percepción falsa aquella que no estuviese conforme con su objeto; pero la percepción no puede dejar de estar conforme con su objeto puesto que, si representa la cosa presente tal cual es, está conforme con el objeto; y si no la representa tal cual es, sino otra cosa distinta, v. gr.: si nos muestra como si fuera oro el oropel, la percepción del oro es verdadera realmente; mas la idea de oropel no es falsa sino inexistente. Luego de esta misma percepción, etc.

DIGO POR ÚLTIMO: De la percepción se puede decir que es falsa materialmente, como suele decirse, y esto con motivo del juicio subsiguiente.

Prueba: Para que una percepción pueda llamarse falsa en el sentido indicado, basta que pueda constituir la materia y la ocasión de un juicio falso; pero la percepción, especialmente la compleja, puede dar lugar a ello. Y se prueba: La percepción de oro en presencia de solo oropel puede ser motivo de que alguien juzgue que es oro lo que no es sino oropel; luego de la percepción se puede decir, etc.

Objeción contra la primera: ninguna[91] percepción, sea simple o compleja, afirma ni niega nada; pero la verdad consiste en la afirmación o en la negación; luego la idea no puede ser verdadera. Distingo el consiguiente: No puede ser verdadera con verdad de composición, concedo; con verdad simple o de conocimiento, niego. La verdad simple no está sino en la conveniencia de la idea con el objeto más bien que en la afirmación o la negación.

Objeción contra la segunda: hay el mismo motivo para que una percepción pueda ser falsa que para que pueda ser verdadera; pero puede ser verdadera por nosotros; luego puede ser también falsa por nosotros. Niego la mayor porque la percepción sería falsa si no estuviese conforme con el objeto representado; pero la percepción está siempre conforme con su objeto; luego siempre es verdadera y nunca falsa

---

91 Ninguna; lat.: Omnis... nihil.

por sí misma. En efecto, si no estuviese conforme con su objeto, no sería falsa sino inexistente.

Se dirá: La idea que no representa el objeto tal cual es, es falsa por sí; pero la idea de oro, en presencia de solo oropel, no representa el objeto tal cual es; luego es falsa por sí misma. Distingo la menor: La idea de oro en presencia de solo oropel no representa el objeto presente tal cual es ni lo que debería de representar, esto es, el objeto determinativo, concedo; no representa el objeto percibido o terminativo tal cual es, niego.

El objeto de la idea es de dos clases: uno terminativo y otro determinativo. Es objeto terminativo de la idea, único objeto propiamente dicho, aquel en el cual se termina la idea o aquello que la idea representa; objeto determinativo de la idea, que no es propiamente objeto aunque de manera impropia se le llame objeto de la idea, es aquello que es causa o motivo de que surja tal idea en el espíritu.

Así, si a la vista de solo oropel surge en nosotros la idea de oro, el objeto terminativo de la idea, llamado con verdad y con propiedad objeto de la idea, será el oro; y el oropel será el objeto determinativo de aquélla, un objeto poco menos que extraño en realidad a nuestra idea. Las ideas no tienen, pues, por sí mismas conexión necesaria con la existencia de las cosas que representan, de donde resulta que por la sola idea de un objeto no se puede afirmar ni negar nada sobre la existencia de dicho objeto.

Y la razón de todo esto está en que hay muchos cuerpos distintos por su naturaleza, que por ser del todo semejantes en lo se que se refiere a algunas de sus cualidades sensibles más destacadas, excitan en nuestros sentidos efectos y movimientos iguales. Ahora bien, es indudable que de impresiones parecidas producidas en los sentidos surgen necesariamente en el espíritu iguales ideas. Luego no podemos evitar que cuerpos disímiles produzcan a veces ideas semejantes y por tanto no podemos impedir que una idea presente algunas veces a la mente una cosa distinta de aquella que la suscita.

Finalmente: La percepción de un Dios injusto es falsa. Luego hay alguna idea falsa. Niego la hipótesis, esto es, que se pueda dar la percepción de un Dios injusto: En efecto, o bien por la palabra Dios entendemos, como es debido, un ente sumamente perfecto, o no: si lo primero, la idea de un Dios injusto no existe porque sería en realidad contradictoria; si lo segundo, no hace al caso, toda vez que no es falsa la idea que atribuye la injusticia a un ente imperfecto.

Y lo mismo se puede decir de las percepciones llamadas quiméricas.

Cuestión II. Segunda parte de la Lógica

Artículo I. Sobre si toda proposición tiene necesariamente que ser verdadera o falsa

Todos en general se preguntan si la proposición o juicio es un concepto simple o compuesto. Pero como quiera que la misma pregunta se formula por todos acerca de la tercera operación de la mente, lo que habremos de exponer en su lugar correspondiente aportará gran luz a la inteligencia de la cuestión propuesta, pues no podemos, ni es posible respecto a todas, tratarlas por separado.

DIGO POR TANTO: Absolutamente toda proposición lógica, esto es, toda proposición que exprese algún juicio, es o verdadera o falsa.

Prueba: Toda proposición lógica o está conforme con el objeto que significa y con el pensamiento que interpreta, o no lo está ni con el uno ni con la otra; pero, si está conforme con su objeto y su pensamiento, es verdadera; si no lo está, es falsa. Luego toda proposición lógica, etc.

Se objetará: Las proposiciones prácticas, aquellas de que decimos que producen lo que significan, como sucede con las sacramentales, no son verdaderas porque antes de que se expresen no tienen objeto ninguno; tampoco son falsas porque producen su objeto; luego no toda proposición lógica, etc.

Respondo que las proposiciones prácticas son verdaderas porque, apenas se expresa su última sílaba, alcanzan su verdad y están de acuerdo con la cosa significada.

Y se volverá a objetar: Hay algunas proposiciones de cuya verdad se sigue su propia falsedad y viceversa; así, si digo de pronto: «Miento», sin haber pronunciado antes una palabra, si es verdad, es también falso al mismo tiempo puesto que si digo la verdad no miento; si es falso, es también verdad al mismo tiempo, porque es verdad que miento. Respondo que esta clase de proposiciones, llamadas insolubles, son más gramaticales que lógicas puesto que hablando con propiedad no expresan ningún juicio.

Artículo II. Sobre si una proposición verdadera
puede convertirse en falsa y viceversa

Nos referimos aquí solamente a las proposiciones contingentes porque son verdaderas de suerte, que en el mismo momento en que lo son pudieron ser falsas.

Así DIGO: Ninguna proposición verdadera puede convertirse en falsa ni viceversa.

Se prueba respecto de las proposiciones de pretérito: El objeto de la proposición de pretérito es inmutable porque no hay poder capaz de hacer que lo pasado no haya pasado; luego también lo es la misma proposición.

Respecto de las proposiciones de presente: Todo lo que existe, cuando existe, tiene que ser lo que es en ese momento puesto que es imposible que una cosa sea y no sea al mismo tiempo. Luego el objeto de la proposición de presente es también inmutable, y por tanto lo es también la misma proposición. En cuanto a las proposiciones de futuro: En el momento que se designa en la proposición el predicado o es lo que se enuncia en relación con el sujeto, o no lo es; si lo primero, es verdadera todo el tiempo anterior al momento señalado; si lo segundo, es falsa. Luego, ninguna proposición, etc.

Se objetará: La verdad y la falsedad son accidentes de la proposición; luego la verdadera se puede convertir en falsa y al contrario. Distingo el antecedente: Son accidentes de la proposición, en el sentido de que no son de su esencia, concedo; en el sentido de que cualquier proposición verdadera puede ser falsa y cualquiera falsa ser verdadera, niego. Toda proposición contingente pudo en un principio ser verdadera o falsa; pero una vez que fue verdadera, ya no puede ser después falsa.

Se dirá: Una pared blanca se puede convertir en negra; luego una proposición verdadera se puede convertir en falsa, puesto que la verdad se da en la proposición de manera contingente como la blancura en la pared. Niego la consecuencia y la paridad: La diferencia está en que en la proposición no se mantiene el mismo sujeto con el que se pueda comparar el predicado de manera que una vez sea falsa y otra verdadera, al paso que se mantiene la misma pared que puede ser privada de su blancura y pintada de negro y por lo tanto se puede realmente decir de ella que ha cambiado.

Y se insistirá: Una proposición puede ser indiferente para significar este o aquel momento del tiempo; pero en este caso puede ser verdadera para uno y no serlo para otro; luego una proposición verdadera puede cambiarse, etc. Distingo la mayor: Una proposición puede ser indiferente para significar este o aquel momento del tiempo antes que se formule juicio sobre su verdad o su falsedad, concedo; una vez que se ha formulado juicio sobre su verdad o su falsedad, niego.

Cuestión III. Tercera parte de la Lógica

Artículo I. Sobre si el raciocinio es un acto simple
del espíritu o, por el contrario, algo compuesto

Hablamos aquí solamente del raciocinio interno o discurso, no de la argumentación o raciocinio externo, esto es el oral y el escrito, acerca de los cuales no hay duda de que sean compuestos. Téngase en cuenta además que el raciocinio tomado en este sentido puede ser considerado o bien como un tipo de oración que abarca las premisas y la conclusión, o bien como una consecuencia solamente.

En el primer caso es compuesto; en el segundo, simple.

Se prueba la primera parte: El concepto formado de varios actos, es algo compuesto de los mismos; pero el raciocinio tomado en el primer sentido está constituido por el asentimiento de la mayor, el de la menor y el de la consecuencia, que constituyen varios actos; luego, es algo compuesto. La segunda parte es clara porque la consecuencia se forma en un solo acto. Luego, es algo simple.

Se objetará: El juicio es un acto simple del espíritu; pero el raciocinio es una especie de juicio por ser la propia razón afirmando o negando; luego es una cosa simple. Distingo la menor: El raciocinio es una especie de juicio, único y simple, niego; compuesto o múltiple, concedo: en efecto, el raciocinio no es un solo juicio con unidad de simplicidad sino con unidad de composición.

Y se volverá a objetar: El discurso consiste formalmente en el juicio del consiguiente; pero este juicio es único o simple; luego, el raciocinio también será una cosa simple. Distingo la mayor: El discurso, tomado en su conjunto y correctamente considerado, consiste formalmente en el juicio del consiguiente, niego; el discurso considerado como mera consecuencia, concedo: En este último sentido, es realmente algo simple puesto que se verifica en un solo acto.

Artículo II. Cómo la demostración produce la ciencia

La demostración produce realmente la ciencia. Se discute solo sobre si la produce como causa eficiente de la misma.

En consecuencia afirmo como cuestión única: El asentimiento a las premisas en la demostración produce, como causa eficiente, el asentimiento a la conclusión.

Así lo expresa Santo Tomás cuando dice: Las premisas tienen carácter de causa eficiente y activa de la conclusión.

Se prueba por la razón: Se admite que el acto por el cual la causa eficiente se encamina hacia otro acto concurre a él de manera efectiva; pero el entendimiento, mediante el asentimiento a las premisas, se encamina al asentimiento a la conclusión; luego el asentimiento a las premisas en la demostración, etc. La menor es cierta y conviene que lo sea en opinión de todos. La mayor también porque por el mismo hecho de que un acto se encamine hacia otro, este segundo es como su criatura y su descendiente y procede, por tanto, de aquel de manera efectiva.

Se objetará: Lo que no existe no puede ser causa de otra cosa; pero el asentimiento a las premisas no existe en el momento en que asentimos a la conclusión porque no puede haber dos asentimientos al mismo tiempo en un mismo entendimiento. Luego el asentimiento a las premisas no es la causa del asentimiento a la conclusión. Distingo la menor: El asentimiento a las premisas no existe en sí mismo, concedo; no existe en su virtualidad, esto es, en la claridad o en la determinación con que induce al entendimiento a asentir a la conclusión, niego.

Y se replicará: Ningún acto vital de una sola potencia concurre de manera activa a otro acto de la misma potencia: la visión, por ejemplo, no produce otra visión; luego el asentimiento a las premisas no produce como causa eficiente, etc. Distingo el antecedente: Ningún acto vital de una potencia concurre de manera activa físicamente, concedo; moralmente, niego. El entendimiento y el objeto son principio suficiente para producir sus actos; pero uno de estos actos puede dirigir el entendimiento y excitarlo a otro, lo cual es concurrir moralmente.

Artículo III. Sobre si el entendimiento, dadas las premisas de un silogismo legítimo, tiene que asentir necesariamente a la conclusión

DIGO: Dadas las premisas de un silogismo legítimo, el entendimiento tiene necesariamente que asentir a la conclusión.

Los maestros de una y otra escuela están de acuerdo en la verdad de esta proposición. El Doctor Angélico dice: El entendimiento admite natural y necesariamente los principios, y las conclusiones que tienen con ellos una conexión necesaria. Y el Doctor Sutil confiesa con claridad que asentimos necesariamente a la conclusión a causa de los principios.

Prueba: El entendimiento no puede dejar de asentir a la verdad que se le manifieste claramente; ahora bien, dado el asentimiento a las premisas, la conclusión que se desprende por sí sola de aquéllas, se presenta al entendimiento como evidente y manifiestamente verdadera; luego dadas las premisas, etc.

Confirmación: La conclusión está virtualmente contenida en las premisas; luego, quien haya asentido a las premisas de la demostración no es posible que pueda impedir el asentimiento a la conclusión.

Se opondrá: El entendimiento tiende a la verdad de la misma manera que la voluntad tiende hacia el bien; pero la voluntad puede dejar de amar lo bueno; luego puede también el entendimiento dejar de asentir a la conclusión. Distingo la mayor: En cuanto al acto, concedo; en cuanto al ejercicio, niego. Del mismo modo que la voluntad no puede odiar el bien, el entendimiento no puede juzgar verdadero lo que es falso; pero se diferencian la una y el otro en que la voluntad tiene libertad de ejercicio en cuanto al bien, al paso que el entendimiento carece de ella cuando se trata de la verdad.

Se objetará además:[92] Para que el entendimiento asienta a una conclusión deducida de premisas que se refieren a la fe, se requiere el consentimiento previo de la voluntad; luego el entendimiento puede no asentir a esta clase de conclusiones. Distingo el antecedente: Para asentir a las premisas, concedo; para asentir a la conclusión, después de haber asentido a las premisas, niego. Aunque sea necesario el consentimiento previo de la voluntad para admitir premisas oscuras e inevidentes, no hace falta cuando se trata de la conclusión.

92 Se objetará además; lat.: Item.

Artículo IV. Sobre si al mismo tiempo puede haber en un mismo entendimiento acerca de un mismo objeto y considerado bajo el mismo aspecto, ciencia, fe y opinión

SEA PUES: En un mismo entendimiento puede haber al mismo tiempo acerca del mismo objeto, ciencia, fe y opinión, en cuanto a los argumentos o medios en que aquel se apoya; pero en este caso solo la ciencia afecta el espíritu.

Pruebo la primera parte: Para ello bastará con que se conozcan los argumentos o medios que emplean acerca de un mismo objeto la ciencia, la fe y la opinión; pero esto es posible; luego en un mismo entendimiento puede haber al mismo tiempo, etc.

Pruebo la menor: Se pueden conocer los argumentos con que se demuestra la existencia de Dios, sea la revelación por la cual se cree, sea el consenso de los hombres más sensatos, que la admiten como verosímil; luego, se pueden conocer los argumentos, etc.

Pruebo la segunda parte: Una cualidad por sí sola afecta el espíritu en el caso de que por ella sola quede convencido en forma tal, que no lo pueda estar más; pero de este modo afecta la ciencia al entendimiento puesto que ella elimina la duda que deja la opinión y disipa las tinieblas que encierra la fe; luego en este caso solo la ciencia, etc.

Se objetará: Del mismo modo que lo cierto y lo incierto son opuestos entre sí, lo son la alegría y la tristeza; ahora bien, la voluntad puede tener alegría y tristeza por el mismo objeto puesto que la voluntad de Cristo estaba alegre y triste por su pasión. Luego la ciencia y la opinión, etc. Distingo la prueba de la menor: Estaba alegre y triste por su pasión considerándola desde distintos puntos, concedo; bajo el mismo aspecto, niego, porque la pasión, en cuanto tormento del cuerpo llenaba a Cristo de tristeza; en cuanto era la redención de los hombres, lo llenaba de alegría.

Se dirá: El filósofo cristiano sabe por demostración que hay Dios y, no obstante esto, lo sabe por la fe, pues siendo cristiano debe creer los artículos de fe; luego la ciencia y la fe, etc. Niego la segunda parte del antecedente, y en cuanto a la prueba, distingo: El cristiano debe creer los artículos de fe mientras sean objeto de fe, concedo; cuando le son evidentes, niego: en efecto, en este último caso dejan de ser artículos de fe en relación con él puesto que la fe se da solo respecto de cosas oscuras y no evidentes.

Y por último: La misma evidencia de una cosa puede ser el motivo que determine el espíritu a creer puesto que nuestro señor Jesucristo dijo a Santo Tomás, que dudaba de su resurrección: Crees, Tomás, porque me has visto; luego se pueden dar ciencia y fe en un mismo entendimiento, etc. Distingo la prueba: Santo Tomás creyó porque vio de tal manera que fue uno mismo el objeto de la visión y el de la fe, niego; de manera que vio una cosa y creyó otra, concedo, puesto que tocando la carne de Cristo, creyó en su divinidad.

Cuestión última. Criterio de verdad y de falsedad

Artículo único. Cual sea el criterio firme y seguro
para alcanzar la verdad

Hay ciertos caracteres llamados criterios de verdad porque sirven para diferenciar lo verdadero de lo falso, y acerca de los cuales difieren las opiniones de los filósofos. Epicuro fija tres criterios: el sentido, la anticipación o ideas recibidas de los sentidos y las pasiones o apetitos con que se distingue lo moral. Asclepiades señala solo el sentido; Anaxágoras la mente; y lo mismo los pitagóricos.

Platón y la mayor parte de sus discípulos lo establecieron en las ideas innatas, y de ellos tomó más tarde Descartes su doctrina. Entre los discípulos de Platón, Cipo y Xenócrates establecieron los sentidos como criterio para las cosas sensibles y el entendimiento para las inteligibles. Este mismo fue el parecer de Aristóteles, pero agregando que el entendimiento es el principal criterio.[93]

Descartes estableció como criterio la regla siguiente: De las cosas ciertas y manifiestas no se puede dudar sino una vez en la vida; más tarde escribió que el principio de toda verdad y el fundamento de toda la Filosofía es este: Pienso, luego existo. Finalmente estableció este criterio: Es verdad todo aquello que concebimos clara y distintamente.

Algunos modernos con los peripatéticos, han señalado como criterio de verdad la evidencia o, lo que es lo mismo, esta proposición: Se debe afirmar con toda certeza de una cosa todo aquello que esté comprendido en la idea clara y distinta de la misma. Huet creyó que el criterio estaba en la palabra de Dios, y Espinoza que en la razón humana; Malebranche cree que el espíritu se une esencialmente a Dios, viendo en él todas las cosas, y considera que el criterio de verdad es la inspiración divina.

Mi parecer es el siguiente: El entendimiento, en posesión de las reglas de la Lógica, es suficientemente apto para distinguir lo verdadero de lo falso.

Prueba: El que demuestra que un predicado conviene a un sujeto distingue lo verdadero de lo falso; pero para esta demostración basta el entendimiento en posesión de las re-

---

93 Publicado por José Z. G. Del Valle (Vid. Intr. p. XIV, n. 4)

glas de la Lógica toda vez que la demostración consiste en el enlace de silogismos cuyas premisas son las definiciones, los axiomas, los principios, etc., y cuyos consiguientes están necesariamente enlazados con aquellos y de ellos se deducen de manera evidente, todo lo cual se enseña en la Lógica; luego el entendimiento en posesión de las reglas de la Lógica, etc.

Se objetará: Lo que necesita de otro criterio no es el criterio de verdad; pero las reglas de la Lógica necesitan de otro criterio, puesto que para demostrarlas es necesaria la evidencia; luego el entendimiento en posesión de las reglas de la Lógica no es criterio suficiente. Distingo la menor: Se necesita una evidencia tal, que más tarde haya que confirmarla por medio de las reglas de la Lógica, concedo; que no haya que confirmarla, niego. Toda dificultad desaparece, si se llega a entender el estado de la cuestión.

Se objetará además: El criterio de verdad puede consistir en este principio: Es imposible que una cosa exista y no exista al mismo tiempo; luego hay algo, fuera de las reglas de la Lógica, que puede ser criterio de verdad. Distingo el antecedente: Y la proposición que haya que demostrar tiene que ser reducida a aquel principio por medio de las reglas de la Lógica, concedo; de otra manera, niego. La respuesta a esta objeción es la misma que la dada a la precedente.

Ya contáis, jóvenes amables, con las reglas y con las cuestiones de Lógica que os he enseñado por estimar que os serán útiles en alto grado. Espero que, si os aplicáis ahincadamente a ellas, como es debido, con toda vuestra capacidad y con vuestro natural deseo de aprender, no os resultarán penosas.

Puede que a alguien le parezca poco. A mí se me antoja suficiente, habida cuenta de vuestra preparación; pero no os costará gran trabajo aprender muchísimo más con la sola lectura de los autores.

Fin de la Lógica

Apéndice

Notas manuscritas por González del Valle al final del cuaderno de Philosofia Electiva, del padre José Agustín Caballero

Se ofrecen a continuación los comentarios escritos por González del Valle en las hojas finales del cuaderno que contiene el tratado de Filosofía Electiva del Padre Caballero, comentarios de que se ha hablado en la Introducción.

Estos comentarios comienzan en el folio 30 r. y van hasta el 34 r. y en ellos, aparte las notas puramente filosóficas que sugieren a su autor las opiniones y la exposición de Caballero, hay noticias interesantes sobre profesores, textos y distribución de los estudios en el Seminario y en otros centros de enseñanza de La Habana, que pueden tener cierta utilidad para estudios posteriores. Esta es la razón más importante de las que nos han movido a no privar al lector de estos Comentarios.

La Nota final, que ocupa el recto del folio 34 y último del cuaderno es, como se verá, una simple nota de remisión de la obra del abate Para, con la sugestión de que hay puntos en ella susceptibles de ser comparados con lo que dice el Padre Caballero, y por consiguiente, que se puede pensar en que entre los libros que utilizó éste para redactar su Filosofía Electiva en 1797, está el del abate Para. Esta nota final, del folio 34 r. del cuaderno, está escrita por mano distinta que el resto de las notas.

Acerca del autor de las notas, Manuel o José Zacarías González del Valle, así como la fecha probable de su redacción, véase el agudo juicio de Francisco González del Valle, anteriormente, en «José A. Caballero».

J. A.

Observaciones

1. Se comienza por la historia de la Filosofía y no por el estado actual de la ciencia.

2. El criterio de unidad en la elección de las cuestiones y su solución se echa de menos: no se halla.

3. Hay mucho de la escuela de Port-Royal: más podía haber; es lo mejor.

4. Hay de la Escolástica; hay intenciones de entrar en la vía nueva a vueltas de algún resabio de anti... en doctrinas y en el modo de presentar las objeciones y contestarlas.

En fin, hay que estudiar el cuaderno.

Después del Pbro. doctor don Agustín Caballero, hoy catedrático de Teología en el Colegio Seminario, entró el Pbro. don Bernardo Ogaván; luego el señor don Félix Varela, que abrió una época a la Filosofía en la Isla.

En Santo Domingo y la Merced se explica por Roselli, escolástico puro.

En San Francisco, donde estudió don Pepe de la Luz bajo la dirección de fray Luis Gonzaga Valdés y fray Francisco Villegas, era representada y mejor servida la ciencia con la enseñanza por el texto del señor Altieri. Es notable acá, como en Europa, que la Orden Franciscana aparezca con más crédito filosófico que las otras Órdenes, después de las glorias de Santo Tomás y acaso en su mismo tiempo, preparando la emancipación de la ciencia.

En San Agustín, el texto era de Purchot, de quien se muestra no poco apasionado el doctor José Agustín Caballero.

No hay que olvidar tampoco al Pbro. doctor don Ricardo Ramírez, catedrático también de Teología en el R. Colegio de San Carlos, eminente por los buenos estudios, por su deseo de infundir aliento, y paciencia en seguirlos y por no temer que el error pueda tener el tiempo por su yo, como decía con frecuencia. Sabe inglés, francés y con no común perfección, el latín.

Fue de entre los catedráticos del Colegio de San Carlos el último Director. Pertenece a la pléyade de los calificados sacerdotes que formaban el foco de luces que allí juntó el excelentísimo e ilustrísimo señor obispo doctor don José Díaz de Espada y Landa, de patriótica y piadosa recordación.

Pro. don Manuel García Domínguez, catedrático de Perfección de Latín y Humanidades.
Filosofía
Pbro. don Félix Varela.
Teología
Pbro. doctor don Agustín Caballero.
Pbro. doctor don Ricardo Ramírez.
Derecho Patrio
Pbro. licenciado don Justo Vélez.
Licenciado don José Agustín Gobantes.
La Teología de texto era la Lugdunense.
De Locis Theologicis, por el ilustrísimo obispo electo de Canarias Melchor Cano.
LÓGICA
Capítulo 1°
No se acordó el doctor Caballero de lo que ya se había mostrado el punto de la percepción.
Capítulo 2°
Falta de método. Primero es el examen de la actualidad y luego el origen.

Capítulo 3º
La cuestión de Nominalistas y Realistas
Capítulo 4º
De las categorías, que cayeron en descrédito hasta que en 1840 //comenzó a hablarse entre nosotros de Kant.
Capítulo 5º
«Manent vestigia raris».
Capítulo 6º
Insisto en que hay que asignar una parte en la cuestión al don de hablar y otra al hecho posterior de irse formando idiomas. No todo aquí es obra del hombre.
Capítulo I
2.ª parte
La proposición es al juicio lo que el término a la idea.
... ... ra el trabajo mecánico de las proposiciones y el cap. 3.º
Parte 3.ª
Hay no poco que aprovechar.
Remito la obra del abate Para, donde «hay puntos que pueden compararse con los que tocó el doctor don José Agustín Caballero», en 1797 y 98.

Fin

Libros a la carta

A la carta es un servicio especializado para
empresas,
librerías,
bibliotecas,
editoriales
y centros de enseñanza;
y permite confeccionar libros que, por su formato y concepción, sirven a los propósitos más específicos de estas instituciones.

Las empresas nos encargan ediciones personalizadas para marketing editorial o para regalos institucionales. Y los interesados solicitan, a título personal, ediciones antiguas, o no disponibles en el mercado; y las acompañan con notas y comentarios críticos.

Las ediciones tienen como apoyo un libro de estilo con todo tipo de referencias sobre los criterios de tratamiento tipográfico aplicados a nuestros libros que puede ser consultado en Linkgua-ediciones.com .

Linkgua edita por encargo diferentes versiones de una misma obra con distintos tratamientos ortotipográficos (actualizaciones de carácter divulgativo de un clásico, o versiones estrictamente fieles a la edición original de referencia).

Este servicio de ediciones a la carta le permitirá, si usted se dedica a la enseñanza, tener una forma de hacer pública su interpretación de un texto y, sobre una versión digitalizada «base», usted podrá introducir interpretaciones del texto fuente. Es un tópico que los profesores denuncien en clase los desmanes de una edición, o vayan comentando errores de interpretación de un texto y esta es una solución útil a esa necesidad del mundo académico.

Asimismo publicamos de manera sistemática, en un mismo catálogo, tesis doctorales y actas de congresos académicos, que son distribuidas a través de nuestra Web.

El servicio de «libros a la carta» funciona de dos formas.

1. Tenemos un fondo de libros digitalizados que usted puede personalizar en tiradas de al menos cinco ejemplares. Estas personalizaciones pueden ser de todo tipo: añadir notas de clase para uso de un grupo de estudiantes, introducir logos corporativos para uso con fines de marketing empresarial, etc. etc.

2. Buscamos libros descatalogados de otras editoriales y los reeditamos en tiradas cortas a petición de un cliente.

www.ingramcontent.com/pod-product-compliance
Lightning Source LLC
LaVergne TN
LVHW041258080426
835510LV00009B/781